ORÇAMENTOS E PREVISÕES

ORÇAMENTOS E PREVISÕES

Guia FINANCIAL TIMES

Como Executar, Gerenciar e Avaliar com Segurança e Precisão

NIGEL WYATT

M.Books do Brasil Editora Ltda.

Rua Jorge Americano, 61 - Alto da Lapa
05083-130 - São Paulo - SP - Telefones: (11) 3645-0409/(11) 3645-0410
Fax: (11) 3832-0335 - e-mail: vendas@mbooks.com.br
www.mbooks.com.br

Dados de Catalogação da Publicação

Nigel Wyatt – Orçamentos e Previsões – como executar, gerenciar e avaliar com segurança e precisão

2014 – São Paulo – M.Books do Brasil Editora Ltda.

1. Finanças 2. Administração 3. Economia

ISBN: 978-85-7680-231-0

Do original: The Financial Times Essential Guide to Budgeting and Forecasting

Original publicado por Pearson Education Limited

ISBN original: 978-0-273-76813-5

© Pearson Education Limited

© 2014 M.Books do Brasil Editora Ltda.

Editor: Milton Mira de Assumpção Filho

Tradução: Jorge Ritter

Produção Editorial: Beatriz Simões Araújo e Carolina Evangelista

Coordenação Gráfica: Silas Camargo

Editoração: Crontec

2014

M.Books do Brasil Editora Ltda.

Proibida a reprodução total ou parcial.

Os infratores serão punidos na forma da lei.

Direitos exclusivos cedidos à

M.Books do Brasil Editora Ltda.

Sobre o autor

Nigel Wyatt é um contador que administra a sua própria consultoria de treinamento financeiro, a Magenta Financial Training, desde 1992 (**www.magentanetwork.com.uk**). Ele trabalha com uma ampla gama de organizações, incluindo muitas companhias *blue chips*. Ultimamente, ele trabalhou de maneira extensiva internacionalmente, incluindo na Índia, China, Omã, Arábia Saudita, os Emirados Árabes Unidos, Tailândia e Malásia.

Agradecimentos

Nós somos gratos às pessoas a seguir pela permissão para reproduzir materiais com direitos reservados:

Tabelas

Tabela 1.1 de "Os 12 princípios além do orçamento" (2011), **http://www.bbrt.org/beyond-budgeting/bb-principles.html**

The Financial Times

Artigo na página 64 "A incapacidade da Kodak de evoluir levou à sua queda", *The Financial Times*, 20/01/2012 (Waters, R.).

Em alguns casos, fomos incapazes de encontrar os proprietários de materiais com direitos reservados e agradeceríamos qualquer informação que nos ajudasse nesta busca.

Sumário

Sobre o autor 5
Agradecimentos 7

Parte 1   Preparando os seus orçamentos   17

1. Para que serve o orçamento? 19
   Introdução 19
   O papel dos orçamentos – por que nós os temos? 20
   1 Alcançar os objetivos da organização... 22
   2 Planejamento... 23
      Produzindo um plano orçado: ilustração 24
   3 Monitoramento e controle 24
   4 Coordenação 26
   5 Avaliar o desempenho 27
   6 Melhorar o desempenho 29
      Benchmarking de desempenho 29
   7 Motivar os administradores 30
   8 Um contrato de gerenciamento 31
   9 Comunicação..31
   10 Fornecer uma base para autorizar despesas e delegar responsabilidade 32
   11 Identificar recursos escassos 34
   12 Alocar recursos 34
      Exemplo da utilização de uma fórmula 35
   13 Demonstrar e proporcionar uma boa governança corporativa 36
   Ligando orçamentos à estratégia e à política 38
      Você sabe qual é a estratégia da sua empresa? E você deveria saber? 39
   Orçamentos para fins especiais 39
   Períodos de planejamento 39

2. O que é uma previsão e como ela difere do orçamento? 41
   Qual é a diferença entre um orçamento e uma previsão? 41
      Previsões como atualizações ao orçamento anual 41
      Previsões contínuas 42
   Benefícios de se prever "além da parede" 43
   Previsões, projetos e contratos 47
   Ferramentas e técnicas de previsão 48

Previsão de vendas 49
A técnica Delphi – elaborando previsões 51
Previsão quantitativa usando Microsoft Excel 51
Previsão ingênua 52
Exemplo: vendas reais Janeiro-Março 52
Médias móveis 53
Exemplo: uma média móvel de três meses 53
Médias móveis ponderadas 53
Exemplo: uma média móvel ponderada de três meses 53
Suavização exponencial 53
Exemplo: alfa = 0,3 54
Análise de regressão 54
Exemplo 55
Ferramentas úteis do Excel 56
Excel *add-ins* 56
Frequência e automação da previsão 56
Medindo e melhorando a precisão da previsão 57
Exemplo: cálculo do EQM e do EPAM 59
Usando EQM e EPAM 59
Previsão de demonstrações financeiras 61
Previsão de vendas de novos produtos 61
Outros fatores a serem considerados em previsões de vendas................. 61
Ciclo de vida do produto 62
Ação da concorrência 62
Substitutos 62
Ambientes tecnológico, econômico e social em evolução –
mudança permanente 62
Escassez de oferta 65

3. Habilidades de formação financeira essenciais para a elaboração de orçamentos 67

Mais barato nem sempre é melhor: custo e valor na elaboração
de orçamentos 67
Provisões, caixa e prática contábil e de orçamento 68
Custos 69
Exemplo 1 69
Custos de capital: a diferença entre despesas de capital e
despesas de receitas 70
Exemplo 2 70
Receita 71
Exemplo 71
Questão 71
Resposta 71
Questão 71
Resposta 71

Compreendendo os números da conta de lucros e perdas 72
   Receita 72
   Despesas ou custos 72
   Exemplo 72
Análise da contabilidade de exercício 73
   1 Uma diferença de *timing* 73
   2 Capital de giro 73
   3 Ativos fixos, despesas de capital e depreciação 74
      Exemplo: contabilizando para a depreciação e ativos fixos 74
   4 Financiamento 75
Métodos diretos e indiretos de se produzir demonstrações do fluxo de caixa 75
O balanço patrimonial 76
   Modelo simples de demonstrações financeiras 78
   Ilustração simples das demonstrações financeiras 78
O orçamento geral 84
Custos 85
   Escolha de rubricas de custos 85
   Custos e estrutura de custo 85
   Custos fixos e custos variáveis 86
      Exemplo: a padaria 86
Análise de valor e engenharia de valor 87
   Exemplo 89
   Análise de valor em organizações "sem fins lucrativos" 90
   Custos relevantes para a elaboração de orçamentos 90
   Recuperação de custos indiretos: como os custos indiretos são recuperados de produtos e serviços 91
Custeio baseado em atividades (ABC) 92
   Exemplo 93
O modelo do ponto de equilíbrio 94
   Exemplo 94
Estrutura de custo 96
   Exemplo 96
Planejamento de despesas de capital 104

4. Como o orçamento deve ser elaborado? 105

Introdução 105
Elaborando orçamentos 105
   Abordagens de elaboração de orçamentos diferentes 106
Orçamento incremental 106
   Erros no orçamento incremental 107
      Exemplo 1 107
      Exemplo 2 108
      Exemplo 3 108
Orçamento base zero 108

Orçamento baseado em atividades 109
    Exemplo: as vantagens de nos concentrarmos nas atividades
    em vez de nos custos 110
Orçamentos devem ser elaborados de cima para baixo ou de baixo
para cima? 111
    Quão detalhado? 111
        Exemplo 112
Orçamentos fixos *vs.* flexíveis 112
    Orçamentos autoajustáveis e redistribuição automática para
    orçamentos 113
Orçamentos orientados por comparação externa 113
    VFM, orçamentos orientados por resultados e baseados em
    evidências 114
        Exemplo 1 114
        Exemplo 2 114
O poder das evidências em proteger orçamentos 115
Boa prática de elaboração de orçamentos e ideias para elaborar um
orçamento 116
    1 Coleta de informações 116
    2 Comece com o seu plano 116
    3 Identifique os recursos que você precisa para realizar o seu plano 116
    4 Baseie-se em atividades 117
    5 Priorizar atividades 117
    6 Coordenação e comunicação 117
    7 Envolvendo pessoas e comprometimento 117
    8 Realista, mas desafiador 118
    9 Consistência de estimativas 118
    10 Desenvolver e promover modelos de orçamentos 118
    11 Demonstrar que você pensou a respeito dos seus custos
        e estimativas 118
    12 Envolvimento 119
    13 Dados comuns 119
    14 Mentalidade poupadora 119
    15 Distribuindo 119
    16 Seja consistente em relação aos objetivos organizacionais
        e departamentais 120
    17 Planeje antecipadamente e dê um tempo para completar
        o orçamento 120
    Estabelecendo orçamentos para contingências 121
        Exemplo 122
O processo de desafio 122
Elaborando orçamentos e medidas de desempenho 123
O jogo do orçamento 123
Apresentando orçamentos 124
    Elaborando orçamentos com planilhas 124

Desenvolvendo suas habilidades de planilha 126
Exercício/ilustração da elaboração de um orçamento.................................... 127

5. Como o caixa deve ser orçado e controlado? 129

Sistemas de planejamento e previsão de fluxo de caixa 129
Gerenciando capital de giro – caixa e risco 130
Gerenciando devedores (contas a receber) 131
    Dias do devedor e dias de vendas em aberto (*DSO – days sales outstanding*) 131
        Exemplo 132
    Uma análise cronológica de devedores 132
Gerenciando estoque 132
    Just-in-Time (JIT) 133
    Abordagens estratégicas para a gestão de estoque 133
    Gestão de estoque e orçamentos 134
        Cálculos 134
Gerenciando credores (contas a pagar) 135
Fluxo de caixa em um negócio 135

6. Como uma despesa de capital deve ser orçada? 137

O que é uma despesa de capital? 137
A regra do *payback* (ou ponto de equilíbrio) 138
    Exemplo 138
VPL e FCD.. 139
    O valor do dinheiro no tempo 139
        Exemplo 140
        Fórmula 140
Racionamento de capital: índice de lucratividade 142
Ajuste estratégico e "roteiros" 142
Análise de sensibilidade... 143
Risco 144
Avaliação pós-investimento 144
Planejamento de fluxo de caixa a longo prazo 145
Substituição e melhoria de ativos 145
Investimento em capital de giro 146

    Parte 2   Gerenciando seu orçamento e proporcionando desempenho   149

7. De volta ao básico: vivendo dentro do seu orçamento e proporcionando VFM 151

Mecanismo de retorno do orçamento 151
Índices e orçamentos 153
    Exemplo 153
    Análise do Centro de Custos 101... 154
Gerenciando orçamentos 155

O modelo VFM para gerenciar e planejar orçamentos 160
   Os três Es 161
   Evidência: provando VFM 162
      Exemplo 162
   Um modelo VFM modificado 162
   Economias de custo 163

8. Fazendo sentido do custo-padrão e variações 167
Fazendo sentido de variâncias 167
Custo-padrão 167
Decomposição de variações 168
   Variações de vendas 169
   Mão de obra 169
   Materiais 169
   Despesas indiretas 169
      Exemplo 170
      Exemplo de uma análise de variações simples 170
         Pergunta 171
         Pergunta 171
         Resposta 171
   Análise de variação prática sem custo-padrão 172
      Parte 1: Descrição do negócio/previsões 173
      Parte 2: Análise 174

9. Riscos, previsões, *balanced scorecards* e KPIs 179
O *balanced scorecard* e mapas de estratégia 179
   Exemplos da vinculação de KPIs à estratégia 180
KPIs e orçamentos 181
   Exemplo 181
Declarações de valores, missão e visão – e orçamentos 182
Riscos e orçamentos 184
   Exemplos 185

10. Delegando orçamentos para outros 187
Por que delegar? 187
Orçamentos transferidos ou delegados 187
   O fundamento lógico para orçamentos delegados ou transferidos 188
Teoria X e a teoria Y de McGregor 189
   Teoria X 190
   Teoria Y 190
A chave para uma delegação bem-sucedida 190
   1 Tornar significativos os orçamentos delegados 190
   2 Casar autoridade e responsabilidade 190
   3 Projete um treinamento sob medida e desenvolva a confiança
      no gerenciamento do orçamento 191
   4 Reconheça a necessidade cada vez maior por velocidade 192

  5 Considere mercados internos e preços de transferência 192
11. Além do orçamento **195**
 Introdução 195
 Orçamentos são ruins para os negócios? 196
 Implementando a abordagem além do orçamento 198
 Atingindo objetivos obliquamente – obliquidade 201
 Conclusão 202

   Parte 3 Analisando o seu desempenho de orçamento e previsão 203

12. Quais lições você aprendeu? **205**
 Entre em ação e assuma a responsabilidade................................. 205
 Planos de ação pessoal 206
 Modelos para recapitular o seu aprendizado e construir um plano de ação . 206
  Capítulo 1: Para que serve o orçamento? 207
  Capítulo 2: O que é uma previsão e como ela difere de
  um orçamento? 207
  Capítulo 3: Habilidades financeiras de formação essenciais para
  a elaboração de orçamentos? 208
  Capítulo 4: Como o orçamento deve ser elaborado? 208
  Capítulo 5: Como o caixa deve ser orçado e controlado? 209
  Capítulo 6: Como uma despesa de capital deve ser orçada? ... 209
  Capítulo 7: De volta ao básico: vivendo dentro do seu orçamento e
  proporcionando VFM 210
  Capítulo 8: Fazendo sentido do custo-padrão e variâncias 210
  Capítulo 9: Riscos, previsões, *balanced scorecards* e KPIs 211
  Capítulo 10: Delegando orçamentos para outros 211
  Capítulo 11: Além do orçamento 212
 Além dos planos de ação: como você sabe que você foi bem-sucedido? 212
Índice **215**

parte

Preparando os seus orçamentos

1
Para que serve o orçamento?

> O orçamento é a ruína da América corporativa. Jamais deveria ter existido.
>
> O processo de orçamentos na maioria das empresas é, com certeza, a prática mais ineficiente da administração. Ele drena a energia, o tempo, a diversão e os grandes sonhos de uma organização.
> Mesmo assim, as empresas perdem horas incontáveis na elaboração de orçamentos. Que desperdício.
>
> Jack Welch, ex-CEO da General Electric

Por que precisamos de orçamentos? Qual é o seu papel? Orçamentos podem ter muitas funções, de maneira que você precisa primeiro determinar qual é o papel do orçamento dentro da sua organização. Então você pode decidir qual deverá ser a abordagem correta para a elaboração ou o gerenciamento deste orçamento.

Introdução

Existe uma visão popular entre muitos administradores e mesmos diretores de finanças de que orçamentos não funcionam bem e podem ser danosos. Existe até uma abordagem chamada "além do orçamento" que defende a eliminação completa dos orçamentos. (Discutimos com mais detalhes as ideias por trás da abordagem "além do orçamento" no Capítulo 11).

Apesar dos problemas com orçamentos, a maioria das empresas e diretores de finanças não poderia imaginar um mundo sem eles. Neste livro, buscamos tornar o processo de elaboração de um orçamento menos doloroso e mais produtivo para você e a sua organização. Vamos orientá-lo, com a ajuda de exercícios e perguntas curtas, pedindo que considere sua própria situação e organização, e o mais importante, que identifique abordagens e soluções que sejam adequadas para você.

Você também pode usar muitos dos exercícios com os membros de sua equipe para encorajá-los a buscar melhorias no processo de elaboração de orçamentos e previsões. Este livro cobre previsões no Capítulo 2, onde nos concentramos sobre como torná-las efetivas e discutimos como elas se relacionam ao processo de elaboração de orçamentos. Nós forneceremos a você ferramentas para elaborar orçamentos (Capítulo 4) e gerenciar orçamentos (Capítulo 7). Mas, em primeiro lugar, o ponto de partida tem de ser definir exatamente para que serve o orçamento.

O papel dos orçamentos – por que nós os temos?

Se nós fôssemos perguntar às pessoas o que significa a palavra "orçamento", receberíamos uma gama de respostas. A palavra tem uma série de significados: para o leigo, isto poderia significar algo barato (muitas vezes associado com qualidade inferior) ou que envolveria economia de custos. O vocabulário da elaboração de orçamentos pode distorcer e colorir nossas visões sobre como devemos procurar elaborar e gerenciar orçamentos. Portanto, antes de decidir como devemos prosseguir para elaborar ou gerenciar um orçamento, é importante que compreendamos exatamente o que o orçamento está tentando alcançar; em outras palavras: "Quais são os objetivos do orçamento?".

Há muitos papéis que um orçamento pode desempenhar e talvez ele tenha papéis sutilmente diferentes em diferentes organizações.

> **Exercício**
> Pegue uma folha de papel em branco e passe alguns minutos listando quais funções você acha que o orçamento desempenha dentro de sua organização, então tente classificar estas funções em ordem de importância. Analise a sua resposta em comparação com nossa lista abaixo.

Frequentemente, encontramos muitos administradores que identificam o controle de custos como sendo a função fundamental do orçamento. Ter essa visão nos proporciona uma atitude em particular quanto a como elaboramos e administramos orçamentos. Na realidade, existem muitas funções que o orçamento poderia desempenhar, incluindo estas a seguir:

Nós deveríamos nos lembrar também que os acionistas querem um lucro hoje *e* amanhã. Os orçamentos devem ser capazes de assegurar que a organização esteja equipada para proporcionar o retorno que os acionistas esperam a médio e longo prazo.

As organizações devem definir o que precisam proporcionar hoje para serem capazes de proporcioná-lo amanhã. Por exemplo, talvez estabeleçamos metas e objetivos relacionados ao desenvolvimento de empregados e produtos hoje para assegurar que venhamos a proporcionar os lucros que os acionistas querem para amanhã. Isto também se aplica às organizações sem fins lucrativos. A maioria das caridades estabelecerá um orçamento com o objetivo de realizar um pequeno superávit – o superávit hoje assegura que a caridade possa crescer para proporcionar mais amanhã. Se você elaborar um orçamento baseado em seus objetivos e então descobrir um fator limitante (uma restrição impedindo que você cumpra com o orçamento), você deve então se concentrar nessa restrição e tentar gerenciá-la. A coordenação através da organização deve ajudar a identificar fatores ou restrições limitantes em outros departamentos.

5 Avaliar o desempenho

Nós podemos usar orçamentos para julgar o desempenho de unidades individuais dentro da organização e para julgar o desempenho dos administradores. Devemos lembrar que o desempenho também deve ser medido em outros termos do que apenas o desempenho contra o orçamento. Por exemplo, um gerente de departamento pode ter uma despesa abaixo da orçada, mas proporcionar um desempenho ruim em termos da produção do departamento. Talvez os orçamentos devam ser julgados em conjunto com outros KPIs (indicadores-chave de desempenho).

O desempenho de administradores deve ser mensurado em relação ao que eles controlam. Por exemplo, um gerente de varejo pode ser responsabilizado geralmente pelo lucro na sua loja, mas não pelas mudanças na margem de lucro que resultam de ações dos compradores da empresa.

Frequentemente o custo e a lucratividade são afetados por equipes de pessoas trabalhando em departamentos e funções diferentes. O aspecto de mensuração de desempenho de um orçamento pode encorajar os administradores a se refugiar nos seus próprios "abrigos" departamentais e focar no que é bom para eles e sua unidade, em vez de o que é bom para a organização.

Medir o desempenho de um administrador com base em seu orçamento pode encorajar os administradores a negociar seus orçamentos para tornar mais fácil cumpri-los do que buscando maximizar o desempenho da sua unidade. Esse problema é conhecido como o aspecto comportamental disfuncional da elaboração de um orçamento e é uma das razões colocadas para se livrar dos orçamentos (ou adotar uma política "além do orçamento" – ver Capítulo 11). Provavelmente você não está na posição de dar um passo tão radical na sua organização. A questão talvez seja que os orçamentos nunca poderão ser perfeitos, então de que outra maneira nós poderíamos remover ou reduzir esse aspecto disfuncional da elaboração de um orçamento?

Remédios potenciais que podemos analisar são os seguintes:

- Projetar medidas de desempenho que encorajem os administradores a trabalhar com os interesses da corporação em mente. Tais medidas os encorajam a atender aos objetivos da corporação e às necessidades das partes interessadas. Casar as metas dos administradores com as metas da organização – isto é conhecido como congruência de metas. (Ferramentas e abordagens relacionadas para ajudar organizações a criar esta congruência de metas são o *balanced scorecard* e o EVA – valor econômico agregado[1]) de Kaplan e Norton.

- Incluir medidas de desempenho ou KPIs além do orçamento incluindo medidas que olhem para fora da organização. Não buscar estabelecer metas internas fixas, mas estabelecer metas de desempenho relativo contra empresas no mesmo segmento e a "melhor na classe".

- Encorajar os administradores a identificar e relatar oportunidades para servir melhor aos interesses da organização e partes interessadas.

Exercício

1 Você consegue identificar uma ocasião em que a elaboração e o cumprimento de orçamentos na sua organização não serviram aos interesses da organização ou suas partes interessadas?

2 Nestes casos, por que você acha que o sistema de controle orçamentário fracassou?

3 O que poderia ter sido feito de maneira diferente para reduzir as chances de uma falha acontecer na ocasião ou no futuro?

---

[1] EVA é uma marca registrada da empresa de consultoria Stern Stewart & Co: www.sternstewart.com. (N. do A.)

6 Melhorar o desempenho

Orçamentos são vistos às vezes como metas a serem batidas para proporcionar um desempenho melhor. Se o orçamento é uma meta, ele deve ser estabelecido com cuidado. Se o orçamento é desafiador demais, os administradores podem se sentir desmotivados; se ele for fácil demais, eles não lutarão para fazer o seu melhor.

Em vez de encorajar os administradores a oferecer seu melhor desempenho, orçamentos podem ser incentivados, deste modo, motivando os administradores a oferecer um desempenho somente "satisfatório" – a apenas alcançar a meta. Uma meta de desempenho fixa anual sintomática de um orçamento tradicional encoraja os administradores a negociar suas metas para baixo a fim de tornar o sucesso mais fácil, em vez de buscar melhorias.

A solução é inserir algumas medidas adicionais além do orçamento que incluam metas de melhorias contínuas (como reduzir os custos unitários) ou desempenho relativo (como nos comparamos com a nossa competição ou outras organizações similares às nossas).

Benchmarking de desempenho

Orçamentos normalmente concentram-se no desempenho anual baseado no ano financeiro da organização. Essa pressão para se concentrar no ano financeiro é mais forte em negócios cotados no mercado de ações que têm de proporcionar resultados para manter os acionistas satisfeitos. Idealmente, administradores também devem se concentrar sobre o desempenho a longo prazo – um bom lucro este ano pode ser à custa do lucro do ano seguinte. Uma média contínua de 12 meses comparada com os anos anteriores deve dar uma indicação se as coisas estão ficando melhores ou piores. Previsões contínuas de 12 a 24 meses devem encorajar administradores a se concentrar sobre um horizonte mais a longo prazo. (Mais detalhes sobre previsões contínuas serão vistos no próximo capítulo.)

É importante não contarmos com o desempenho contra o orçamento como uma única medida de desempenho. Organizações também precisam desenvolver KPIs *relevantes* tanto para a organização quanto para os departamentos individuais. O tipo de indicadores que devemos dar atenção é o seguinte:

- Participação de mercado

- Retornos totais aos acionistas (TSRs – *total shareholder returns*) em comparação com empresas no mesmo segmento[2]
- Nível de satisfação do cliente comparado a empresas no mesmo segmento

Você também pode usar *benchmarking* para comparar o desempenho de departamentos individuais. Por exemplo, você pode comparar o desempenho do departamento de finanças contra o seu orçamento, mas também fazer o *benchmark* dos custos do departamento contra os custos do departamento de finanças em outras organizações.

A prática do *benchmarking* foi desenvolvida no início dos anos de 1980. Ele tem sua origem no programa "Liderança através da Qualidade" da Xerox Company. A Xerox descobriu que os seus concorrentes estavam vendendo fotocopiadoras a um preço mais baixo do que a Xerox as estava fabricando. O custo de manufatura médio das fotocopiadoras nas empresas japonesas estava estimado em 40-50% daquele da Xerox.

A Xerox empenhou-se então em um programa de redução de custos que incluía um extensivo *benchmarking*. Existe uma série de organizações e associações de *benchmarking* onde as empresas compartilham informações sobre custos. Neste livro, nós fornecemos algumas informações do Hackett Group, que fornece informações de *benchmarking* para departamentos de finanças.

O *benchmarking* é um processo de melhoria contínua, o qual em muitas organizações foi ultrapassado. Modelos de melhoria contínua recentes são o Seis Sigma e o da manufatura enxuta.

7 Motivar os administradores

Administradores podem estar motivados a desempenhar tendo em vista que eles estão sendo julgados contra um orçamento. Pode ser que os sistemas de controle orçamentário na realidade motivem os administradores na direção errada (como descrito anteriormente). Eles talvez sejam incentivados a gastar seus orçamentos se acreditarem que estes possam ser cortados caso eles não o fizerem. Eles talvez sejam incentivados a tentar aumentar seu orçamento de custos e reduzir orçamentos de lucros

---

[2] O TSR é uma combinação do dividendo e o crescimento no preço da ação, e comparações de TSR são apresentadas nas contas de negócios cotados importantes. O TSR por um período = (preço da ação ao fim de um período – preço da ação no início do período + dividendos)/preço da ação no início do período.

para tornar suas metas de desempenho mais fáceis de serem atingidas. Novamente, a solução é desenvolver medidas de desempenho que vão além do orçamento e encorajar os administradores a se concentrarem em superar a concorrência.

A abordagem de um administrador para delegar orçamentos será influenciada por como ele ou ela vê a sua equipe e percebe como eles estão motivados. Alguns administradores acreditam que a sua equipe está motivada a "fazer a coisa certa" para a organização, e sendo assim ela precisa de pouca supervisão quanto a administrar orçamentos. Outros administradores acreditam que a sua equipe vai buscar seus próprios interesses pessoais, portanto, faz pouco sentido para eles delegar orçamentos; se fizerem isso, podem terminar "microgerenciando" a sua equipe.

8 Um contrato de gerenciamento

Idealmente, um orçamento deve ser visto como um contrato entre o administrador e a organização. O contrato deve cobrir o que o administrador realizará a um determinado custo e isso será negociado e acordado com o gerente de linha. O elemento de negociação do orçamento é criticado pelos defensores da abordagem "além do orçamento" (que recomenda livrar-se de orçamentos). A negociação encoraja a realização de jogadas, onde os administradores são incentivados a tentar tornar seus orçamentos e objetivos mais fáceis de serem atingidos.

Na maioria das organizações, a "jogada" é reconhecida – analistas de orçamentos e administradores seniores devem analisar orçamentos com uma compreensão dos indivíduos que os elaboraram e estabelecer metas além do orçamento, incluindo *benchmarks* externos.

9 Comunicação

Uma chave para a elaboração efetiva de um orçamento tem de ser uma boa comunicação. Poderia ser argumentado que o próprio orçamento é uma forma de comunicação. Orçamentos informam administradores e empregados dos planos e estratégia da organização expressos em termos financeiros.

No processo de estabelecimento do orçamento, administradores seniores estabelecerão objetivos e metas. Administradores de orçamentos têm de construir então seus orçamentos dentro dessas exigências e restrições dos seus departamentos. Esse processo proporciona a eles uma oportunidade para dar um retorno aos administradores seniores sobre o que é e o que não é possível.

Orçamentos operam diferentemente em diferentes organizações. Em algumas organizações, o retorno ou comunicação é algo valorizado, no entanto, em outras o processo de elaboração do orçamento não busca o retorno e está mais próximo de uma instrução.

Exercício

1. Como os detalhes de orçamentos e metas são comunicados dentro da sua organização?
2. Como essa comunicação poderia ser melhorada?
3. Quais medidas você poderia tomar para melhorar a comunicação a respeito de orçamentos e metas na sua organização?

10 Fornecer uma base para autorizar despesas e delegar responsabilidade

É importante fornecermos uma base para autorizar despesas e delegar autoridade e responsabilidade. Orçamentos fracassam quando a autoridade e a responsabilidade não andam juntas. Quando uma organização passa um orçamento para um administrador, ela está delegando autoridade.

Orçamentos podem ser delegados através de centros de responsabilidade, que normalmente são chamados de centros de custo ou centros de lucro e, um termo um pouco mais raro, de centros de investimento.

Em um centro de custo, um administrador passa a ser o responsável pelo custo. Ele também deve receber a incumbência de proporcionar alguma produção ou resultado. Centros de custo e seus administradores não devem ser avaliados somente em relação aos custos, mas também contra os KPIs apropriados. Uma abordagem que poderia ser adotada em um centro de custo é uma variação sobre o modelo VFM – *value for money*. (Mais detalhes deste modelo e abordagem encontraremos no Capítulo 7).

Gerentes de centros de lucro são responsáveis pelos lucros e os custos, e podem ser avaliados de maneira mais legítima puramente através do resultado ou lucro líquido. Gerentes de centros de lucro frequentemente têm responsabilidades além de proporcionar lucro – um exemplo seria manter padrões de marca ou cumprir com legislações de saúde e segurança.

Às vezes, organizações fazem com que centros de custo pareçam mais centros de lucro ao introduzir obrigações internas e acordos de nível de serviço (ANSs) entre departamentos. Alguns dos nossos clientes descreveram elegantemente esses centros de custo como "centros de recuperação de custos": eles não realizam lucro e buscam encontrar um ponto de equilíbrio de suas responsabilidades. Obrigações internas podem ajudar a alocar recursos melhor, mas também podem causar um trabalho extra e disputas internas.

Um centro de investimento pode ser uma unidade de negócios onde um administrador é responsável pelo custo de receita e investimento – o administrador e a sua unidade podem ser avaliados em termos do retorno do capital aplicado (RCA) ou do retorno sobre o investimento (ROI – *return on investment*).

Resumo dos centros de responsabilidade

- Centros de custos – departamentos que incorrem em custos sem uma receita externa.
- Centro de recuperação de custo – custos são recuperados em obrigações de ordens internas.
- Centro de lucro – incorre em custos e ganha uma receita real: pode ser avaliado em termos do seu lucro ou perda.
- Centro de investimento – um centro de lucro com um investimento de alocação de recursos ou capital aplicado: pode ser avaliado e selecionado em termos de RCA ou ROI.

Um desafio para muitas organizações é designar responsabilidades. Pode ser que os custos ou os lucros não sejam verdadeiramente a responsabilidade de um administrador em uma área, mas o resultado das decisões de muitos administradores em diferentes departamentos. Uma ênfase demasiada sobre a responsabilidade sobre o custo pode deixar alguns administradores com uma atitude superprotetora em relação aos seus orçamentos à medida que eles estão preocupados mais com a avaliação do seu próprio desempenho acima do desempenho da organização. Administradores de orçamento com objetivos organizacionais devem ter prioridade na tomada de decisões.

11 Identificar recursos escassos

O processo de elaboração de um orçamento pode nos ajudar a identificar recursos escassos e recursos que precisam ser gerenciados cuidadosamente ou aumentados. Todas as organizações têm restrições, gargalos ou fatores limitantes. Por exemplo, uma fábrica terá uma capacidade de produção limitada, uma central de atendimento tem uma capacidade definida. Elaborar um orçamento exige que identifiquemos essas restrições para gerenciá-las e otimizá-las.

Elaborar um orçamento para uma organização pode exigir muita negociação e resultar em muitas repetições ou *rounds*. Isso pode facilmente resultar em erros cometidos em torno de estimativas de capacidade e o uso de fatores limitantes. A solução é reduzir as repetições, deste modo diminuindo as chances de erros e acelerando o processo. De acordo com um estudo feito pelo Hackett Group em 2011[3], as empresas mais bem-sucedidas tendem a começar com uma forte abordagem de cima para baixo.

A elaboração de orçamentos em um nível estratégico também deve levar em consideração o planejamento de capacidade a longo prazo. Criar uma capacidade muito pequena restringe a organização; criar uma capacidade muito grande leva a um custo extra desnecessário e a operações não otimizadas.

Exercício

1 Faça uma lista dos principais fatores limitantes na sua organização.

2 Quais são as restrições que governarão os limites para o orçamento de sua organização?

3 O que você poderia fazer para assegurar que esses fatores limitantes sejam mais bem utilizados para maximizar os seus retornos?

12 Alocar recursos

Orçamentos podem ser usados para alocar recursos, às vezes com base em uma fórmula. Por exemplo, um departamento de polícia importante do Reino Unido desenvolveu uma fórmula para dividir um orçamento pré-definido entre áreas geográficas. A fórmula foi derivada daquela usa-

---

[3] *Enterprise Performance Management Research Series*, The Hackett Group, 2008-2011.

da pelo Ministério do Interior para dividir o orçamento nacional entre as forças de polícia. A fórmula levou em consideração uma série de fatores para tentar determinar a demanda de policiamento relativa dentro de diferentes áreas geográficas. Essa abordagem parece justa e remove todos os problemas de negociação, mas afasta o orçamento da elaboração de um plano do que os administradores realmente vão fazer e o que eles vão realizar. Geralmente, fórmulas para alocações de orçamentos estão erradas – planos totalmente orçados, que considerem metas quantificadas de produção, a própria produção ou resultados esperados são muito melhores.

Exemplo da utilização de uma fórmula

Orçamentos de treinamento são frequentemente calculados como um subsídio por empregado. Inicialmente, isto parece ser uma fórmula justa, mas seria a melhor maneira de se estabelecer um orçamento? As organizações frequentemente querem encorajar um treinamento relevante e esse método de estabelecer o orçamento talvez possa simplesmente encorajar despesas com treinamento sem consideração suficiente sobre se o treinamento é realmente útil ou relevante.

Um administrador pode reservar um curso de treinamento caro ao final do ano apenas para utilizar todo o orçamento e justificar o orçamento do ano seguinte. Administradores mais bem motivados e organizados planejarão seu treinamento para maximizar o seu retorno. Mesmo assim eles talvez ainda queiram gastar cada centavo dele, tendo em vista que não há um incentivo para se fazer uma economia e eles ainda acreditem que serão penalizados no ano seguinte com um orçamento menor. Para reduzir esse raciocínio danoso, orçamentos devem ser promovidos e tratados como planos que não são dependentes das despesas do ano anterior.

Quando vendemos treinamento para clientes em potencial, frequentemente encontramos as palavras "não podemos realizar o treinamento, pois não há nada no orçamento", ou "podemos realizar o treinamento, há dinheiro no orçamento". Em outras palavras, o julgamento sobre o treinamento é baseado na alocação de um orçamento em vez de um plano de treinamento. As despesas deveriam ser orientadas pela necessidade e o benefício, não pela alocação de orçamento. Portanto, orçamentos devem ser elaborados com base na necessidade e benefício.

Um orçamento de treinamento deve ser elaborado em torno de planos de treinamento baseados em qual treinamento precisa ser proporcionado para atender aos objetivos da organização. Se economias são necessárias, cortes percentuais generalizados para todo o orçamento alocado podem parecer uma medida justa, mas na realidade ela é arbitrária – o orçamento de treinamento em uma área pode ser mais significativo para o desempenho global do negócio do que o orçamento de treinamento em outra área. Realizar cortes igualmente talvez não seja o melhor para a organização buscando alcançar seus objetivos.

Cortes de orçamento devem ser deliberados – talvez seja melhor cortar todo o treinamento em apenas uma área do que empregar as mesmas reduções generalizadas. Um orçamento baseado em atividades planejadas deve tomar esta decisão de maneira mais clara, na medida em que um corte de orçamento significaria cortar uma atividade planejada.

Exercício

No exemplo acima, nós nos concentramos no orçamento de treinamento. Agora tente pensar sobre a sua própria organização e orçamentos.

1 Existe algum orçamento na sua organização alocado por uma fórmula?
2 Por que essas fórmulas são usadas?
3 De que outra maneira esses orçamentos poderiam ser mais bem elaborados?
4 Você já presenciou alguém tentando usar todo o orçamento do ano para justificar o orçamento do ano seguinte?
5 Como você poderia mudar esse comportamento?
6 A sua organização já impôs cortes arbitrários ou generalizados? Exemplos de cortes de orçamento arbitrários são: 5% de todos os orçamentos; uma proibição sobre voos internacionais ou outras restrições para viagens; um congelamento sobre a propaganda e promoções.
7 Como os cortes deveriam ser feitos? (No Capítulo 7, fazemos sugestões para economizar a partir do seu orçamento).

13 Demonstrar e proporcionar uma boa governança corporativa

O sistema de controle orçamentário é efetivamente parte do sistema de controle interno dentro de uma organização. Poderia ser argumentado que organizações apenas precisam desse controle interno porque elas estão delegando controle financeiro (ou orçamentos) para administradores, de maneira que não se trata realmente de uma função de um orçamento. Qualquer que seja o seu ponto de vista, proporcionar governança afeta nossa abordagem em relação a orçamentos.

Cada vez mais é exigido das organizações que elas demonstrem que têm sistemas para assegurar uma boa governança corporativa. A governança corporativa diz respeito a assegurar que os administradores da empresa cuidem dos interesses das partes interessadas na organização (em negócios cotados na Bolsa de Valores, normalmente os acionistas).

Em 2002, após uma série de escândalos contábeis e de negócios de grande impacto nos Estados Unidos (Enron e WorldCom), o governo norte-americano formulou uma lei conhecida como *Sarbanes-Oxley Act*, *SOX* ou *Sarbox* (assim denominadas em homenagem aos seus proponentes, o senador norte-americano Paul Sarbanes e o congressista norte-americano Michael G. Oxley).

A lei exige que as empresas demonstrem que têm um nível de governança corporativa suficiente através de controles e procedimentos financeiros adequados. A nova lei cobriu todas as empresas norte-americanas e não norte-americanas com listagem no mercado de ações dos Estados Unidos. A Sarbanes-Oxley fez com que algumas empresas tornassem o gerenciamento e o controle de orçamentos mais formalizados e dentro da lei. Por exemplo, em parte como resultado da Sarbanes-Oxley, um banco do Reino Unido introduziu um novo sistema exigindo que todos os administradores conferissem formalmente os relatórios financeiros dos seus centros (departamentos) de custo ao fim de cada mês e assinassem eletronicamente para dizer que estão satisfeitos e que aceitam a responsabilidade de que os custos estão corretamente contabilizados. O sistema então destaca automaticamente os administradores que não estão cumprindo com esse mecanismo de checagem.

Para reforçar o sistema, o banco treinou a maioria dos seus gerentes de centros de custo no novo sistema. Alguns dos contadores do banco resistiram à implementação desse sistema acreditando que ele seria uma ameaça do centro corporativo às suas funções. Outros gerentes de centros de custo, um tanto distraidamente, viram a iniciativa como um mero exercício de conferência e provavelmente assinaram o relatório sem uma checagem aprofundada.

Exigir que os gerentes conduzam essas checagens traz benefícios para os negócios. Nós sugerimos para as empresas que encorajem seus gerentes a conduzir checagens genuínas sobre os custos significativos nos seus relatórios do centro de custo ou do centro de lucro. Ao fazer isto, alguns dos nossos clientes encontraram erros (incluindo cobranças em excesso de fornecedores), economias e um melhor desempenho. Nós acreditamos que você deva checar sempre as suas contas, notas de restaurantes e compras pessoais – cobranças excessivas são raras, mas você descobrirá algumas.

Dúvidas sobre os pontos fortes do sistema de uma empresa para assegurar a governança corporativa e manter o controle financeiro podem afetar adversamente o seu valor. Em setembro de 2011, um negociante trapaceiro de Londres (Kweku Adoboli) no banco suíço UBS revelou que ele havia perdido £ 1,3 bilhão do banco através de transações alegadamente não autorizadas sem *hedges* suficientes (um mecanismo para cobrir os riscos do banco – bancos, assim como *bookmakers*, não deveriam fazer apostas). O resultado foi uma reavaliação de todas as três maiores agências de classificação – Moody's, Standard & Poor's e Fitch – da classificação de crédito do banco. O *The Daily Telegraph* indicou na época que o escândalo aniquilou com £ 4 bilhões do valor do UBS.

Achava-se que tanto a Enron quanto a WorldCom e a Barings eram empresas operando dentro de controles financeiros rigorosos e que não eram "movidas pelos números" – mas em última análise seus sistemas de controle falharam em proteger os interesses dos acionistas.

Ligando orçamentos à estratégia e à política

Se um orçamento é um plano, então ele deve estar ligado à estratégia dos negócios. Não podemos elaborar orçamentos sem primeiro compreender quais são as nossas estratégias. Não podemos gerenciar orçamentos sem compreender a nossa estratégia; não seríamos capazes de fazer julgamentos sobre cortar custos em busca de receitas a não ser que soubéssemos que essas ações estavam de acordo com a estratégia, política e objetivos da empresa. Muitas grandes organizações não integram orçamentos com a sua estratégia; algumas não têm realmente uma estratégia.

A estratégia de negócios pode parecer algo remoto para administradores juniores gerenciando um pequeno orçamento, mas se eles quiserem ser efetivos, é importante que compreendam o quadro maior. As organizações devem buscar comunicar a sua estratégia para todos os administradores, de maneira que eles possam tomar as suas decisões de modo consistente com a estratégia da empresa. Um mecanismo para ligar os orçamentos à estratégia é o *balanced scorecard* e o mapa de estratégia. Orçamentos também devem ser consistentes com os valores, a missão e a visão da organização. (Valores, missão e visão, o *balanced scorecard* e mapas de estratégia serão vistos no Capítulo 9.)

Você sabe qual é a estratégia da sua empresa? E você deveria saber?

A estratégia é frequentemente vista como algo que deveria ser mantido em segredo, apenas os administradores seniores tendo acesso aos detalhes. No entanto, para que uma estratégia seja realizada efetivamente, ela precisa ser comunicada através da organização.

Orçamentos para fins especiais

Talvez você precise elaborar um orçamento para um fim especial, como levantar fundos para um negócio ou um projeto. Se você estiver fazendo isso, comece com uma ideia clara dos seus objetivos e quais serão as barreiras para atingi-los.

Se nós estamos tentando levantar fundos de investidores, nós temos de ser verdadeiros, mas também buscar apresentar um plano convincente que os encha de confiança e aborde suas preocupações em potencial. Um bom plano de negócio é frequentemente fundamental para se conseguir um investimento. Muitas vezes, a questão diz mais respeito à confiança que os analistas têm nas pessoas que estarão apresentando o plano. Um bom plano e uma boa apresentação não garantem que os analistas fiquem cheios de confiança, mas um plano ruim ou uma apresentação ruim é provável que diminua a confiança deles.

Períodos de planejamento

Geralmente, quando pensamos em orçamentos, pensamos sobre o plano anual. Planos podem ser elaborados em períodos de curto ou longo prazo. A extensão possível do prazo de seu planejamento dependerá muito do seu negócio e da indústria na qual ele opera. Em muitas indústrias, o planejamento a longo prazo está se tornando cada vez mais difícil na medida em que os mercados e a tecnologia se tornaram muito mais voláteis; desse modo, todos os planos tiveram de se tornar mais flexíveis. Muitas empresas importantes produzem planos de três a cinco anos; em algumas indústrias, como empresas de serviços públicos, é comum que elas produzam planos que durarão várias décadas. A maioria dos negócios menores com os quais trabalhamos costuma ter dificuldades em planejar com mais de um ano de antecedência.

2

O que é uma previsão e como ela difere do orçamento?

Qual é a diferença entre um orçamento e uma previsão? Qual é a função de uma previsão? Quais ferramentas e técnicas estão disponíveis? Com que frequência as previsões devem ser produzidas e como podemos torná-las mais precisas e mais úteis? Essas questões são abordadas neste capítulo.

Qual é a diferença entre um orçamento e uma previsão?

Orçamentos descrevem um futuro mais provável (baseado em nossos planos); previsões descrevem um orçamento mais provável.

Previsões como atualizações ao orçamento anual

Administradores frequentemente confundem orçamentos e previsões. Quando o orçamento é produzido, ele pode exigir alguma previsão para derivar alguns dos números. "A previsão" é uma estimativa atualizada da produção ou resultado para o ano. Na maioria das grandes organizações, uma nova previsão é normalmente produzida a cada trimestre ou cada mês. O processo de realização de novas previsões encoraja os administradores a repensar como o resultado do ano se desenvolverá; isto pode capacitá-los a identificar problemas mais cedo e tornarem-se mais proativos e menos reativos quando administrando o orçamento.

Manter o orçamento original intacto e usá-lo como um *benchmark* fixo para avaliar o desempenho em relação a ele geralmente é visto como uma boa prática. Mudar o orçamento original causaria confusão ao se comparar o desempenho com o orçamento.

As ferramentas e as técnicas para a construção de previsões são cobertas na segunda metade deste capítulo.

Previsões contínuas

Previsões também podem ser produzidas em uma base contínua além do fim do ano financeiro atual – talvez sempre olhando para frente ao longo dos próximos 12 a 18 anos. O período de tempo que você deveria estar prevendo dependerá da sua empresa e da indústria. Em algumas indústrias, realizar uma previsão por mais de três meses é um desafio, outras podem ser capazes de realizar previsões efetivas ao longo de vários anos (e sugerimos alguns exemplos abaixo). O aumento na incerteza é um fator que realmente torna o processo de previsão mais importante na medida em que precisamos detectar problemas o mais cedo possível.

Indústrias e funções que deveriam ter previsões contínuas mais curtas

Indústrias	Varejo
	Produtos eletrônicos
Funções	Propaganda e promoção

Indústrias e funções que podem ter previsões contínuas mais longas

Indústrias	Exploração de petróleo
	Serviços públicos – investimento em infraestrutura
	Farmacêutica
Funções	Pesquisa & Desenvolvimento (P&D)

Um bom guia quando ponderar sobre a frequência com a qual previsões precisam ser refeitas e quão detalhadamente isso deve ser feito é considerar a variabilidade e o impacto da mudança, como mostrado na tabela a seguir.

		Variabilidade	
		Baixa	**Alta**
Impacto (consequência da variação)	**Alto**	Frequência média (mensal ou trimestral).	Frequente e rotineira (semanalmente ou mesmo diariamente) – previsão somente ao longo de um curto período.
	Baixo	Menos frequente e talvez até "causada por evento" – uma nova previsão é feita somente após eventos significativos. Previsão através de um longo período.	Frequência média (mensal ou trimestral).

Por exemplo, considere o impacto e a volatilidade dos preços dos combustíveis em uma companhia aérea. Estes talvez precisem ser gerenciados e previstos de novo semanalmente ou mesmo diariamente enquanto que o custo do *leasing* da aeronave é a longo prazo e de modo relativo estático. A previsão do preço do combustível pode ser tão curta quanto um único mês, enquanto a previsão para o custo do *leasing* da aeronave pode passar de vários anos.

Benefícios de se prever "além da parede"

Frequentemente, as organizações se concentram somente nos problemas do orçamento do ano corrente, na medida em que elas são incitadas a atender às exigências dos acionistas para o ano financeiro corrente. (Isto tende a ser um problema menor em organizações privadas pequenas.) Os acionistas deveriam estar interessados não somente no desempenho do ano corrente, como também no desempenho de anos futuros.

A elaboração de previsões somente até o fim do ano reforça o pensamento a curto prazo. A fim de proporcionar os melhores retornos para os acionistas, é melhor que uma escala de tempo muito mais longa seja examinada. É quase como se o fim do ano seja visto como uma parede que não podemos ver adiante. Do outro lado da "parede" pode haver grandes riscos a serem gerenciados.

O acréscimo de uma previsão contínua encoraja os administradores a pensar além do ano corrente e tentar prever problemas potenciais bem antes que eles aconteçam. Se conseguirem isto, eles podem então gerenciar esses riscos.

Previsões contínuas capacitam os administradores a reduzir sua dependência em orçamentos. Elas são muitas vezes uma parte fundamental de uma nova abordagem que busca se livrar dos orçamentos (o tópico "além do orçamento" é coberto em detalhes no Capítulo 11).

A abordagem "além do orçamento" defende que nos livremos do orçamento, muitas vezes enfatizando as previsões contínuas. Mesmo nos negócios que ainda aderem aos conceitos mais tradicionais de elaboração de orçamentos, ainda há um benefício considerável a ser ganho com a produção de previsões contínuas.

De acordo com um estudo feito pelo Hackett Group em 2008[1], empresas que produziram previsões contínuas foram capazes de produzir seus orçamentos anuais muito mais rápido, de maneira mais precisa, e foram vistos como sendo muito mais satisfatórios.

As previsões devem ser produzidas "de cima para baixo" ou "de baixo para cima"? ("De cima para baixo" significa que as diretivas vêm de cima ou do nível do conselho, enquanto "de baixo para cima" elas são mais elaboradas pelos departamentos.) Previsões de cima para baixo podem ser produzidas mais rapidamente, mas podem perder alguns detalhes vitais de mudanças acontecendo dentro do negócio, e, em última análise, os números precisam vir do negócio e não da função de finanças. A previsão de vendas deve ser produzida pelo departamento de vendas. Previsões de produção devem então ser produzidas pelo departamento de produção, tendo em mente a previsão de vendas.

O melhor meio-termo talvez seja desenvolver uma previsão coordenada que se relacione com informações-chave do negócio. Previsões precisam

---

[1] *Enterprise Performance Management Research Series*, The Hackett Group, 2008-2011.

ser simples, rápidas, fáceis, efetivas em termos de custos e úteis. Elementos-chave simples a serem focados poderiam ser as vendas, margens brutas, custos variáveis e custos fixos.

Idealmente, a produção de previsões deve ser automatizada tanto quanto possível, com números financeiros na previsão sendo gerados a partir de dados operacionais existentes dentro da empresa. Alguns números podem ser gerados de números "confirmados": os pedidos de vendas, por exemplo, podem servir de base para a previsão de vendas do mês seguinte.

Previsões contínuas podem ser produzidas mensal ou trimestralmente e sua frequência vai depender da taxa de mudança dentro da organização. Não obstante a frequência com que você realiza suas previsões, também faz sentido levar em consideração eventos importantes. Uma grande mudança no seu mercado ou seus custos talvez exija uma nova previsão.

Em consequência da crise econômica mundial de 2008, muitas organizações descobriram que seus orçamentos originais estavam desatualizados e redundantes. Em virtude disso, tiveram de passar a depender, como alternativa, de previsões atualizadas frequentemente. Atualizar a previsão contínua com frequência excessiva é um desperdício de recursos; para a maioria das organizações, é provável que uma atualização trimestral seja adequada.

Em muitas organizações, previsões contínuas, se produzidas, são feitas com modelos de planilhas projetados internamente. Esses modelos tipicamente têm uma série de problemas.

- Controle de versão ruim – a confusão surge de diversas versões da previsão sendo produzidas
- Uma alta proporção de erros lógicos (erros nas fórmulas da planilha)
- Design ruim da planilha (planilhas que não são tipicamente produzidas por programadores profissionais)
- Dificuldade em atualizar e revisar estimativas e ser incapaz de acomodar as mudanças com facilidade
- Modelos globais podem ser feitos a partir de uma série de planilhas usadas por todo o negócio e que os usuários podem mudar, tornando o modelo fraco, falho e sujeito a problemas
- O resultado final frequentemente não possui credibilidade aos olhos dos administradores seniores
- É difícil realizar uma auditoria dos modelos

- A segurança dos dados pode ser comprometida na medida em que as informações são distribuídas e as planilhas são facilmente copiadas e enviadas por e-mail
- Alguns desses pontos fracos podem ser superados com alguns controles

Apresentamos mais notas sobre soluções potenciais para estes problemas, assim como para uma melhoria do design e uso das planilhas no fim do Capítulo 4.

Exercício

1. Analise o uso de planilhas na sua própria organização para previsões ou orçamentos.
2. Algum dos problemas listados acima aparece?
3. Quais medidas você ou a sua organização poderiam tomar para reduzi-los?

Em grandes organizações, uma solução para esses problemas é comprar uma ferramenta específica de software, "caixa-preta", de previsão e planejamento. Há uma série de alternativas competindo entre si, como por exemplo, o Cognos Express Planner da IBM.

Muitas empresas de software produzem "livros brancos" descrevendo a melhor prática para previsões contínuas – naturalmente, o livro branco normalmente conclui que a solução da empresa do autor é a melhor! Alguma resistência a soluções compradas pode vir dos membros da equipe de finanças que desenvolveu habilidades de Excel e passou grande parte do seu tempo trabalhando nas planilhas. Qualquer que seja a solução que você usa para elaborar as suas previsões contínuas, assegure que ela seja simples para todos os usuários.

Você poderia acreditar que as previsões mais úteis são as mais precisas. No entanto, as previsões nunca podem ser totalmente precisas. É mais importante que as previsões proporcionem algum *insight* de gerenciamento valioso sobre o que está acontecendo, de maneira que a organização possa responder. Se a sua abordagem de previsão não está o ajudando a gerenciar a empresa, então a jogue fora ou mude-a. Se ela está funcionando bem para você, mesmo assim você ainda pode trabalhar em melhorias.

Quando você desenvolveu uma boa abordagem para produzir previsões, você também pode usá-las para testar diferentes cenários. Estes poderiam ser para decisões diferentes dentro do seu negócio. Um exemplo poderia ser mudar as datas de lançamento de um produto ou talvez sobre diferentes expectativas em relação a fatores externos como o mercado.

Previsões, projetos e contratos

Se você está trabalhando em um projeto ou um contrato, você pode realizar uma previsão até o seu fim. Esta abordagem pode ajudar você a identificar problemas mais cedo.

Analisar o projeto apenas em relação ao desempenho deste até o momento pode torná-lo complacente. É importante lembrar que, quanto mais cedo você identificar um problema, mais soluções você terá para resolvê-lo. Projetos ou contratos podem parecer dentro do orçamento quando, na verdade, estão apenas atrasados. Se você produzir uma nova previsão, até a plena conclusão de um projeto, esse erro será eliminado.

Quando produzindo a previsão, você precisa se lembrar da matriz de impacto e variabilidade descrita anteriormente. Quais são os fatores-chave que têm mais chance de mudar e ter um impacto significativo sobre o projeto?

Questões de revisão

1 Você ou o seu departamento financeiro produzem novas previsões regularmente?

2 Como a previsão e o processo de previsão poderiam ser melhorados? (A melhoria diria respeito a informações mais úteis ou que a previsão fosse mais simples e/ou rápida de produzir.)

3 Você ou a sua organização usam previsões contínuas? Se vocês as utilizam, como elas são produzidas e como a sua produção poderia ser melhorada? Se vocês não as utilizam, você acredita que elas seriam úteis?

4 Qual você acha que deva ser o horizonte de previsão para o seu departamento ou organização? Três meses, 12 meses, 18 meses?

5 Quais valores são os mais importantes para você prever para melhorar a tomada de decisão dentro de seu departamento ou organização?

6 Analise os relatórios que o seu departamento financeiro produz para você: você consegue diferenciar entre um orçamento e uma previsão?

> **Revisando a frequência e o comprimento (quantos meses a previsão se estende no futuro) de novas previsões**
>
> Faça uma lista dos principais custos e receitas da sua organização, e classifique cada item em termos de sua variabilidade e o impacto da sua mudança. Então analise quão frequentemente você ou a sua organização realiza novas previsões sobre eles e até onde você os prevê no futuro. Lembre-se, itens altamente variáveis e de alto impacto geralmente exigirão previsões mais frequentes e regulares.

Ferramentas e técnicas de previsão

Dentro do negócio há uma série de números que podem ser previstos, incluindo:

- Vendas
- Lucros e perdas
- Fluxo de caixa

Em 2011, o Hackett Group realizou um estudo[2] para tentar aferir a precisão das previsões sobre vendas de empresas, lucros (receitas) e fluxo de caixa. O estudo também examinou quão precisas foram as previsões a curto prazo em comparação com as previsões a longo prazo. Os resultados são mostrados na Tabela 2.1.

A conclusão do estudo é que as melhores empresas são muito melhores na previsão de vendas, receitas e fluxo de caixa. O declínio na precisão das previsões mais a longo prazo é surpreendentemente pequeno. As previsões de fluxo de caixa são as menos precisas; em muitas empresas, elas são provavelmente inadequadas.

A melhor maneira para se produzir uma previsão e sua precisão como prognóstico necessária dependerá exatamente da razão porque esta previsão é necessária. Em muitos negócios e indústrias, a elaboração de previsões provavelmente se torna mais difícil com tecnologias desorganizadoras e em evolução, assim como com um ambiente social e econômico passando por mudanças. É impossível produzir uma previsão 100% precisa, de maneira que as organizações devem procurar produzir previsões que sejam úteis.

---

[2] *Enterprise Performance Research Series,* The Hackett Group, 2008-2011.

Tabela 2.1 Precisão de uma previsão (baseado em 200 grandes empresas)

		Empresas com os melhores desempenhos (%)	Grupo de pares (%)
Vendas	Um mês	4	7
	Um trimestre	4	8
	Mais de um trimestre	5	9
Receitas	Um mês	4	8
	Um trimestre	5	10
	Mais de um trimestre	8	11
Caixa	Um mês	8	16
	Um trimestre	9	16
	Mais de um trimestre	10	16

Fonte: Enterprise Performance Management Series, The Hackett Group, 2008-2011

Previsão de vendas

Em muitos negócios, o ponto de partida para um orçamento ou plano será o das vendas esperadas ou potenciais. As vendas podem ser limitadas pela produção ou restrições da capacidade de serviço. Elas também serão determinadas pela demanda dos clientes, ação dos concorrentes, circunstâncias econômicas e a possibilidade de substitutos (clientes comprando produtos ou serviços alternativos para atender às suas demandas). Esse mix complexo faz com que a previsão de vendas pareça impossível, no entanto algumas organizações conseguem elaborar previsões com um grau de precisão surpreendente.

Há duas abordagens amplas e mais importantes para a produção de uma previsão:

1 **Quantitativa** – essa abordagem é baseada em análises estatísticas. A análise é feita tipicamente observando dados passados. Muitas empresas usando técnicas quantitativas produzirão previsões usando o Microsoft Excel. O pacote do Excel é quase universalmente usado e a versão padrão inclui uma série de ferramentas de análise de dados, incluindo ferramentas especificamente projetadas para produzir previsões. Funções estatísticas adicionais podem ser acrescentadas através de vários módulos de extensão.

2 **Qualitativa** – essa abordagem é baseada em opiniões e julgamentos. Em muitas organizações, as previsões de vendas serão geradas por profissionais de vendas e marketing, tentando fazer julgamentos so-

bre a demanda de mercado e quanta participação de mercado a empresa pode atingir.

Em alguns casos, profissionais de vendas podem ser capazes de identificar pedidos e contratos potenciais iminentes, além de designar uma probabilidade de vencê-los. As vendas no futuro bem próximo podem frequentemente ser previstas de maneira muito precisa, à medida que um cliente talvez já tenha feito um pedido embora ele ainda não tenha sido entregue.

Quando as pessoas produzem previsões, elas frequentemente têm suas próprias agendas. Por exemplo, gerentes de vendas podem relutar em propor uma previsão de vendas ambiciosa se eles acreditam que serão subsequentemente julgados contra esse número.

Se uma equipe foi criada para produzir uma previsão de vendas, cada membro dela poderia ser influenciado pela opinião geral da equipe. Esse problema pode ser eliminado usando uma técnica chamada Delphi. Na técnica Delphi, especialistas são questionados independentemente a darem seus pontos de vista sobre a previsão; isto então reduz a chance de um efeito de tendência de grupo.

Previsões também podem ser sujeitas a tendências "políticas". Por exemplo, gerentes em todos os níveis podem ser tentados a ajustar ou influenciar os números para casar com suas próprias exigências. Previsões de notícias ruins podem ser vistas como sendo quase desleais para com a organização. Tentativas verdadeiras de previsões são sempre melhores e a liderança de uma organização deve promover uma cultura que encoraje isso.

Tanto a pesquisa de mercado quanto o teste de marketing podem proporcionar informações e dados para auxiliar na elaboração de previsões de vendas mais objetivas.

Não importa como você produza as suas previsões, é importante testá-las. Para fazer isso, pergunte a você mesmo as seguintes questões:

- Quão precisas elas são?
- Quão precisas você precisa que elas sejam?
- As previsões são úteis?
- Como você poderia tornar as previsões mais precisas?
- Como você poderia tornar as previsões mais úteis?

Você poderia tentar abordagens diferentes para produzir as suas previsões e então comparar os resultados contra alguns meses de desempenho real em um "torneio de técnicas". Então tentar fazer um julgamento sobre qual técnica é a certa para você e a sua organização nas circunstâncias atuais.

A técnica Delphi – elaborando previsões

A técnica Delphi é uma abordagem estruturada para reunir as estimativas de uma série de especialistas, sem que cada um deles, inadvertida ou deliberadamente, influencie os pontos de vista dos outros. A técnica foi desenvolvida pela RAND Corporation para o exército norte-americano nos anos de 1940. Os Estados Unidos queriam prever a tecnologia que um inimigo em potencial poderia usar contra eles no futuro. Usando a técnica Delphi, uma equipe de especialistas é reunida. Eles são questionados independentemente a respeito de seus pontos de vista na forma de perguntas em um questionário. Isto evita que as pessoas sejam dominadas pelos pontos de vista de outros especialistas. Os resultados são coletados por um mediador que identifica pontos de consenso e de discordância. O grupo recebe um retorno sobre os resultados do questionário e os especialistas podem então retificar suas previsões. O processo é repetido até que um consenso suficiente seja alcançado.

Exercício

Pense a respeito da sua própria organização. Como você poderia estruturar a reunião de opiniões de especialistas dentro de sua organização para torná-la mais parecida com a técnica Delphi?

Previsão quantitativa usando Microsoft Excel

Técnicas quantitativas passam a ilusão de uma precisão efetiva. Todos os modelos (mesmo os modelos do Microsoft Excel) têm estimativas e pressupostos por trás deles. Os modelos Excel frequentemente incluem erros e os dados por trás do modelo podem ser imprecisos, incompletos ou mesmo estimados. Previsões quantitativas envolvem construir um modelo, normalmente baseado em dados históricos. Nosso modelo pode encaixar os dados históricos perfeitamente. Esse encaixe perfeito pode persuadir algumas pessoas que a precisão como prognóstico do modelo será muito alta, mas é importante observar que o passado nunca é um espelho perfeito do futuro.

Técnicas de previsão quantitativa amplamente usadas incluem:

- Médias móveis
- Médias móveis ponderadas
- Suavização exponencial
- Análise de regressão

Geralmente essas técnicas funcionam usando estimativas que baseiam previsões futuras em resultados e números passados. Por exemplo, a maneira mais simples de prever o tempo é dizer que o tempo amanhã será o mesmo que o tempo hoje (isto é conhecido como uma *previsão ingênua*, também discutida abaixo). Estatisticamente, essa técnica pode realmente proporcionar uma previsão relativamente precisa. No entanto, provavelmente seria melhor realizar uma previsão incluindo outros dados na análise, como dados sazonais e históricos, junto com informações sobre as velocidades do vento, pressão atmosférica e precipitação.

Esses modelos usam dados históricos como o ponto de partida. Por exemplo, uma previsão de vendas será elaborada com base nas vendas de meses passados. Dentro das nossas vendas históricas, nós talvez tenhamos alguns meses onde o padrão de vendas foi corrompido por fatores externos. Antes de começarmos a construir um modelo, teremos de limpar nossos dados, tirando os pequenos "ruídos". Fatores que podem afetar o padrão de vendas incluem a escassez de oferta segurando as vendas, atividades promocionais antecipando as vendas e atividades promocionais dos concorrentes refreando as vendas.

Previsão ingênua

A previsão mais simples é conhecida como uma previsão ingênua. Esta é a previsão em que você simplesmente toma os números do período passado e diz que a previsão para o período atual será a mesma.

Exemplo: vendas reais Janeiro-Março

Tabela 2.2

Mês	Vendas	Previsão ingênua
Janeiro	900	
Fevereiro	1.200	900
Março	1.500	1.200
Abril (previsão)		1.500

Médias móveis

Uma média móvel prevê o período atual baseado na média de uma série de períodos anteriores. Uma variação dessa previsão é designar pesos diferentes para os períodos anteriores.

Exemplo: uma média móvel de três meses

Previsão de vendas para abril = (900 + 1.200 + 1.500) / 3 = 1.200

Médias móveis ponderadas

Uma média móvel ponderada designa pesos diferentes para cada período dentro do cálculo.

Exemplo: uma média móvel ponderada de três meses

Tabela 2.3

Mês	Venda A	Peso B	A x B
Janeiro	900	0,20	180
Fevereiro	1.200	0,3	360
Março	1.500	0,5	750
Abril (previsão)			1.290

Pesos diferentes poderiam ser testados para ver qual deles fornece o melhor resultado de previsão.

Suavização exponencial

A suavização exponencial é um método que examina quão precisa foi uma previsão anterior em relação ao que realmente aconteceu. Você toma a diferença e calcula uma proporção (conhecida como o alfa, que é estabelecido entre 0 e 1) desse erro e o adiciona à previsão anterior para derivar a previsão atual.

Se o alfa for estabelecido em 1, então o resultado seria o mesmo que a previsão ingênua sem levar em consideração os resultados reais antes do último período. Se o alfa for estabelecido em zero, então a previsão não sofreria alteração da primeira previsão.

Exemplo: alfa = 0,3

Tabela 2.4

Mês	Vendas	Previsão	Diferença do real
Janeiro	900		
Fevereiro	1.200	900	300
Março	1.500	900 + (300 x 0,3) = 990	510
Abril (previsão)		990 + (510 x 0,3) = 1.143	

Este método de previsão é amplamente usado e trata-se de um bom método quando não há um padrão ou tendência nos números reais. Se há um padrão, a análise de regressão pode ser uma técnica melhor.

Análise de regressão

A análise de regressão usa uma variável (a variável independente x) para prever outra (a variável dependente y). Na forma mais simples de análise de regressão há uma relação de linha reta ou linear (ver Figura 2.1), descrita pela fórmula simples:

$$y = a + bx$$

Usando uma série de dados para x e y, podemos ver que provavelmente haverá uma relação entre as duas, e calcular o "melhor ajuste" para estimar a (a intersecção) e b (o declive).

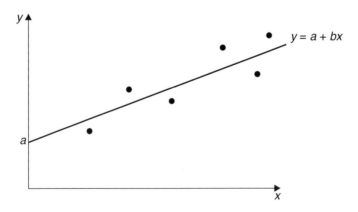

Figura 2.1 A linha do melhor ajuste

Um erro comum quando usando a análise de regressão é confundir uma correlação com uma causa. Por exemplo, foi observado em um estudo que crianças em lares com muitos livros atingiam níveis mais altos de sucesso acadêmico. Uma conclusão potencialmente incorreta seria a de que somente a presença de livros causa níveis mais altos de sucesso acadêmico, quando isso poderia ser somente um indicador de algo mais. As vendas de sorvete e a incidência de afogamentos podem estar correlacionadas, mas é improvável que as vendas de sorvetes causem os afogamentos. Ambas podem estar relacionadas a temperaturas mais altas resultando em mais vendas de sorvetes e mais pessoas nadando.

Uma análise de regressão em uma série temporal de dados de vendas pode ser completada com bastante facilidade no Excel, usando um gráfico ou a função PREVISÃO.

Exemplo

Tabela 2.5

Mês	Período (X)	Vendas (Y)
Janeiro	1	900
Fevereiro	2	1.200
Março	3	1.500
Abril (previsão)	4	Previsão =

Se você está usando o Excel 2007 ou o Excel 2010, insira a tabela acima. A célula chamada "Mês" corresponde à célula A1.

- **Passo 1:** represente (graficamente) os dados de vendas com um gráfico de dispersão. Destaque as células cinza e selecione inserir gráfico, então selecione "gráfico de dispersão".

- **Passo 2:** clique sobre os pontos de dados no gráfico e "adicionar uma linha de tendência". Você tem uma série de tipos de gráficos diferentes que você pode escolher para encontrar o melhor ajuste. Você também tem a opção de projetar a linha de tendência para o futuro por uma série de períodos com os quais você pode criar uma previsão.

O Excel também contém uma função para calcular automaticamente uma previsão de regressão linear. Digite =PREVISÃO na célula que você quer prever (célula C5) (ver a tabela acima). Você será então solicitado a inserir algumas referências de célula para *X* (este é o período 4), *Y*s conhecidos (as vendas conhecidas de janeiro a março) e *X* conhecidos (períodos 1-3). Você deve terminar com PREVISÃO (B5; C2:C4; B2:B4) na célula.

Inserir as células e classes nessas funções é confuso. Se você inserir = PREVISÃO na célula C5 e clicar sobre o *fx* à esquerda da caixa onde você insere os conteúdos da célula, aparecerá para você uma caixa de ajuda *pop-up* para completar as entradas para essa função.

Há uma série de outras funções e ferramentas no Excel para ajudar você a produzir uma análise de regressão e estas são descritas brevemente abaixo.

Ferramentas úteis do Excel

Há uma gama de ferramentas no Excel para conduzir análises estatísticas e previsões. Para pegar o jeito com essas ferramentas, você precisa tentar usá-las com alguns exemplos reais. Compreender a ferramenta inicialmente pode ser confuso e talvez você precise olhar as funções de ajuda. Uma maneira muito melhor de obter uma rápida compreensão e uma introdução ao uso dessas ferramentas, e mais importante, de entender como tirar o maior proveito delas, é ver um entre as centenas de tutoriais gratuitos disponíveis no www.youtube.com.

Há uma série de instrutores de Excel que criaram tutoriais curtos em vídeo. Esses treinadores têm diferentes estilos e explicações; você terá as suas próprias preferências. A melhor abordagem é ver alguns tutoriais de diferentes instrutores e escolher o seu favorito. Nós mencionamos mais sobre isto ao final do Capítulo 4.

Excel *add-ins*

Há uma série de funções estatísticas disponíveis no Excel através de *add-ins* disponíveis como parte do Excel 2007 e Excel 2010. Excel *add-ins* adicionais em potencial estão disponíveis na Internet.

Algumas funções do Microsoft Excel úteis na prática para elaborar previsões apresentadas no Excel Analysis ToolPak a serem investigadas são:

- Análise de regressão
- Suavização exponencial
- Média móvel

Frequência e automação da previsão

Lembre-se que na maioria das organizações há um foco intenso sobre o ano financeiro, apesar de as previsões não precisarem ser necessariamente limitadas a esse período em particular. Na realidade, faz mais sentido encorajar os administradores a prever além do ano financeiro (ver a descrição anterior de previsões contínuas).

Em muitas organizações, as previsões são completadas como parte do processo de controle orçamentário. Essas previsões podem ser completadas ao fim de cada trimestre ou ao fim de cada mês. As previsões podem ser produzidas no nível de cima por contadores ou talvez exijam a contribuição dos gerentes de orçamento. Se as previsões forem produzidas de maneira regular, então faz sentido automatizar grande parte do processo e identificar os números-chave que precisam ser focados. Em algumas organizações, essas novas previsões regulares são produzidas em um alto nível para dar uma rápida indicação para os administradores seniores do provável desempenho.

Se já se passaram nove meses no ano e você precisa produzir um orçamento para o ano inteiro, poderia ser tentador dividir as suas despesas no ano até o momento por nove e multiplicar por 12. Isso não é uma previsão; isso é meramente uma média estendida pelos 12 meses.

Se suas vendas estiverem em crescimento, o método da média daria a você uma estimativa abaixo das suas prováveis vendas previstas. Se as suas vendas estiverem caindo, então o método da média daria a você uma estimativa acima das suas prováveis vendas previstas.

Supõe-se que a previsão seja o prognóstico dos seus lucros e dos seus custos. Alguns cálculos desses números talvez sejam gerados internamente; previsões de vendas podem ser geradas a partir de detalhes de consultas e pedidos, por exemplo.

Taxas operacionais podem ser usadas para calcular alguns custos. Uma taxa operacional é uma estimativa dos custos mensais para um departamento ou função. Taxas operacionais médias podem ser monitoradas para ver se elas estão subindo ou caindo, e então projetadas adiante na previsão baseada nessa tendência em vez de em uma média.

Lembre-se de colocar o maior esforço na estimativa de números altamente variáveis e de alto impacto na sua previsão. Não desperdice um monte de tempo trabalhando números de pouco impacto ou pouca variabilidade.

Medindo e melhorando a precisão da previsão

O estudo do Hackett Group em 2011[3] de questões fundamentais relativas a diretores financeiros em grandes empresas concluiu que sua principal

---
[3] *Enterprise Performance Management Research Series*, The Hackett Group, 2008-2011.

preocupação era a eficiência e a efetividade do processo de elaboração do orçamento anual; a segunda maior preocupação era o desempenho da previsão.

O aperfeiçoamento das previsões pode ter um impacto enorme sobre a melhoria da eficiência e da efetividade. Para melhorar nossas previsões precisamos começar medindo a precisão das mesmas. Embora ainda lembrando que as previsões nunca podem ser 100% precisas, nós exigimos que elas sejam 100% úteis. Além de avaliar a precisão da previsão utilizando uma medida simples, tente desenvolver uma medida qualitativa do quanto a previsão tem sido útil na melhoria das decisões administrativas.

Melhorar a precisão de uma previsão também melhorará a confiança na elaboração de previsões. Considere quanto impacto uma melhoria de 1% na precisão da previsão teria, ou uma melhoria de 1% na sua confiança na previsão em seu gerenciamento de caixa e lucro.

Previsões são nossas melhores estimativas do futuro. Nós não deveríamos, no entanto, usá-las como uma base para mensurar o desempenho dos administradores. Isto porque ao fazê-lo, haverá uma pressão para produzir uma previsão que busque maximizar a medida de desempenho em vez de produzir uma previsão que seja baseada na melhor estimativa para o futuro.

Duas medidas numéricas simples de precisão de previsão são:

1. **Erro quadrático médio (EQM).** O EQM é a média do quadrado dos "erros" (a diferença entre a previsão e o resultado real) – quanto mais baixo o número do EQM, melhor.

2. **Erro percentual absoluto médio (EPAM).** O EPAM é a média de diferenças "absolutas" percentuais entre a previsão e o resultado real:

    – Os números absolutos são as diferenças entre os números reais e previstos – tornando, porém, positivos todos os números negativos.

    – Estas diferenças são então expressas como uma percentagem do número "real" para cada período.

    – É feita então uma "média" das porcentagens para cada período.

Geralmente, quanto mais baixo o EPAM, melhor a previsão.

Exemplo: cálculo do EQM e do EPAM

Tabela 2.5 Previsão mensal x vendas reais (expresso em unidades)

Período	Previsão	Real	Erro	Erro ao quadrado	Erro absoluto	Erro percentual absoluto
1	100	110	(10)	100,0	10	9,09%
2	110	121	(11)	121,0	11	9,09%
3	121	112	9	81,0	9	8,04%
4	112	115	(3)	9,0	3	2,61%
5	115	116	(1)	1,0	1	0,86%
6	116	118	(2)	4,0	2	1,69%
			Soma	316,0		31,38%
			Média	EQM 52,7		EPAM 5,23%

Essas medidas podem ser usadas para comparar previsões produzidas usando diferentes abordagens, ferramentas e técnicas para dar a você uma ideia de qual delas tem mais chance de ser a melhor. (Em geral, quanto mais baixo o EQM ou o EPAM, mais precisa é a previsão).

O EPAM é amplamente usado, é mais intuitivo e passa para você uma impressão da precisão global da previsão. No entanto, tanto o EQM quanto o EPAM têm falhas. As previsões poderiam ser expressas de maneira mais apropriada em termos de limites e níveis de confiança, mas muitos administradores acham isso confuso. Administradores seniores frequentemente querem a previsão como um único número da "melhor estimativa". Talvez o número da "melhor estimativa" deveria ser sempre qualificado com a maneira como nos sentimos a respeito de sua precisão e por quanto o número real poderia desviar dele. Uma alternativa simples é apresentar uma previsão com três números – melhor caso, melhor caso (com uma declaração da probabilidade de acertá-lo) e pior caso (novamente com uma declaração de probabilidade). Geralmente você pode esperar que a precisão da previsão diminua quanto mais no futuro você a projetar.

Usando EQM e EPAM

A seguir duas previsoes de vendas:

- A previsão A é baseada em uma média móvel de três meses, ou período (3 PMA).

■ A previsão B é baseada na suavização exponencial, com um alfa de 0,7. Os resultados arredondados são mostrados como a seguir:

Tabela 2.6

Período	Vendas reais	PMA A	Suavização exponencial B Alfa = 0,7
1	1.160		
2	1.223		1.160
3	1.120		1.204
4	1.150	1.168	1.145
5	1.150	1.164	1.149
6	1.300	1.140	1.150
7	1.400	1.200	1.255
8	1.360	1.283	1.356
9	1.370	1.353	1.359

Nota: os valores das previsões foram arredondados.

O EQM e o EPAM são calculados para os períodos 4-9 abaixo:

Tabela 2.7

Período	Erro Absoluto (Arredondado)		Erro ao quadrado		Erro percentual absoluto	
	A	B	A	B	A	B
4	18	5	312	23	2%	0%
5	14	1	205	2	1%	0%
6	160	150	25.600	22.629	12%	12%
7	200	145	40.000	21.062	14%	10%
8	77	4	5.878	13	6%	0%
9	17	11	278	122	1%	1%
Média			EQM 12.046	7.309	EPAM 6%	4%

Nota: valores de erros foram arredondados. O EQM e o EPAM foram calculados com um número preciso.

O EQM e o EPAM são mais baixos para a previsão usando suavização exponencial, de maneira que ela é mais precisa. Ambos os métodos foram bastante imprecisos para os períodos 6 e 7 (as vendas foram mais altas do que ambas as previsões), de maneira que valeria a pena dar mais uma olhada no que aconteceu nessa época.

Previsão de demonstrações financeiras

As previsões podem ser para vendas, lucros ou caixa. Previsões de lucros e caixa exigem que formulemos a demonstração do resultado (ou conta de lucros e perdas); o fluxo de caixa exige que formulemos a demonstração do fluxo de caixa. Podemos também querer formular a terceira demonstração financeira primária do balanço patrimonial – demonstrações financeiras e como formulá-las são questões discutidas com mais detalhes no Capítulo 3.

Previsão de vendas de novos produtos

Volumes de vendas de novos produtos são muito difíceis de prever. Uma abordagem frequentemente usada é prever "por analogia", tomando as vendas de produtos similares e prevendo o crescimento de suas vendas seguindo um padrão similar.

Novos produtos em muitas indústrias tendem a ter uma taxa de fracasso muito alta. Mesmo empresas como a Apple e o Google lançaram produtos que não decolaram e foram abandonados sem alarde. Sempre há riscos de que um produto venha a fracassar, mas as pesquisas de mercado, os testes de marketing e as análises de marketing devem ajudar a reduzir esses riscos e melhorar as previsões de vendas.

Outros fatores a serem considerados em previsões de vendas

Quando produzindo previsões de vendas, não é possível incluir todos os cenários e riscos em potencial. Outros fatores em potencial a serem considerados incluem:

De curto prazo: ação da concorrência; escassez de oferta; mudança nos preços de mercadorias.

Mais a longo prazo: ciclo de vida do produto; ação da concorrência; substitutos; ambientes tecnológico, econômico e social em evolução; excesso de oferta.

Abaixo examinamos os fatores mais a longo prazo.

Ciclo de vida do produto

Todos os produtos têm um ciclo de vida, do nascimento, esperançosamente, até a maturidade, e, inevitavelmente, à morte. Com a tecnologia em evolução, muitos ciclos de vida de produtos estão se tornando muito mais curtos. Muitas organizações precisam seguir desenvolvendo seus produtos e lançando novos apenas para se manterem atualizadas. Um dos exemplos mais extremos disso é o mercado de telefonia móvel; os modelos do ano passado não venderão hoje, e os consumidores e clientes do negócio podem até postergar a substituição de modelos até que produtos significativamente melhorados sejam lançados. Não são somente os ciclos de vida dos produtos que estão ficando mais curtos, da mesma maneira também os ciclos de vida das indústrias. O mercado de carros do Reino Unido levou talvez em torno de 100 anos para chegar à maturidade; o mercado de telefonia móvel levou menos de 10.

Dentro da nossa previsão de vendas, nós talvez precisemos formular a ascensão e declínio de produtos, e talvez até de indústrias à medida que elas passam por seus ciclos de vida.

Ação da concorrência

Campanhas da concorrência podem afetar os níveis de vendas de uma organização de duas maneiras. Elas podem tirar as vendas delas, mas igualmente podem até estimular a demanda por produtos geralmente dentro da indústria.

Substitutos

Os clientes podem ter uma escolha de produtos e serviços que vai além dos concorrentes tradicionais. Pode haver substitutos que eles poderiam usar em seu lugar. Por exemplo, no Reino Unido os voos de curta distância tornaram-se baratos, competindo diretamente com a viagem de carro, trens e ônibus. De maneira semelhante, equipamentos e serviços para videoconferência podem reduzir a necessidade da viagem a negócios.

Ambientes tecnológico, econômico e social em evolução – mudança permanente

Nós estamos vivendo uma época de turbulência. Muitas economias mundo afora receberam um choque de surpresa com o início da crise econômica de 2008. Desde então, outros problemas econômicos se seguiram, resultando em um baixo crescimento econômico e um aumento no desemprego.

A ascensão contínua da internet e do *networking* social apresenta mudanças em hábitos e atitudes de consumo das pessoas para as empresas. Para algumas organizações, isso é visto como uma oportunidade, e para outras, uma ameaça. Qualquer que seja o impacto dessas mudanças, é certo que no futuro a elaboração de previsões se tornará mais difícil e, no entanto, possivelmente mais importante. Se o futuro é incerto, então ele é mais importante do que nunca para as organizações identificarem oportunidades, problemas e ameaças o mais cedo possível. Previsões de curto prazo podem ajudar com isso ao explicar o que está acontecendo no mercado.

Considere o apuro da Kodak e como a tecnologia em evolução (ou "tecnologia desorganizadora") afetou o seu antigo mercado para filmes e câmeras, e, consequentemente, o seu negócio.

Capitalização de mercado ou valor da empresa
(pico no início de 1997 – US$ 31.000 milhões)

Valor de mercado da empresa em 5 de janeiro de 2012 – US$ 127 milhões

Como mostra o artigo na página seguinte, a Eastman Kodak, após 131 anos de atividade, entrou com um pedido de falência solicitando a proteção do Capítulo 11[4] no dia 19 de janeiro de 2012. Apesar de ter sido superada pela tecnologia, a Kodak ainda é proprietária de patentes valiosas. Alguns comentaristas acreditam que essas patentes valem mais de US$ 3 bilhões. A marca também é muito valiosa, mas a empresa tem passivos que puxam seu valor de mercado total para baixo.

A Kodak deveria ter progredido para a fotografia digital muito mais rápido. (A empresa poderia ter sido a primeira e atribui-se a ela a construção da primeira câmera digital em 1975.) Acredita-se que a Kodak atrasou o desenvolvimento da fotografia digital porque ela temia uma canibalização da sua "galinha dos ovos de ouro" – o filme convencional. Essas críticas são fáceis de fazer em retrospectiva, é claro. A mudança atinge até as maiores empresas e as vidas de todas as empresas estão ficando mais curtas em média. De acordo com Richard Foster da Universidade de Yale, desde os anos de 1920, o tempo de vida médio das empresas no índice S & P 500 caiu de 67 para apenas 15 anos[5]. Em qual estágio está o seu negócio?

---
[4] Do Código de Falência norte-americano. (N. T.)
[5] Entrevista para a BBC News, www.bbc.co.uk. (N. do A.)

A incapacidade da Kodak de evoluir levou à sua queda

Por Richard Waters em São Francisco

A decisão da Eastman Kodak de declarar sua falência no início desta semana está destinada a desencadear milhares de estudos de caso de administração.

A empresa que levou a fotografia para um mercado de massa dificilmente parecia com uma retardatária nos primeiros dias da revolução digital. Ela inventou a câmera digital e foi a primeira a distribuir fotos em discos de CD-ROM duas décadas atrás. Se bits e bytes estavam destinados a substituir o filme e a revelação fotográfica, as galinhas dos ovos de ouro do negócio, então a Kodak parecia saber o que era preciso.

Que ela tenha, em última análise, fracassado em fazer a transição é prova das dificuldades que os líderes da indústria enfrentam ao se lançarem em novos mercados, não importa quão conscientes eles estejam dos perigos mortais colocados diante de si.

A Kodak construiu um punhado de produtos com jato de tinta e outras operações digitais que ela esperava proporcionarem o cerne de um negócio viável – mas isso não foi suficiente para compensar a erosão sem piedade das suas receitas como um todo, que caíram de US$ 16 bilhões anuais para algo em torno de US$ 6 bilhões nos últimos 20 anos.

A causa do fracasso, de acordo com o cortejo de especialistas em administração que se alinharam esta semana para dar o seu veredicto: gerações recentes de administradores da Kodak que estavam apegados demais aos lucros dos seus negócios existentes para dar os passos radicais que teriam sido necessários para reposicionar a sua empresa – e sua marca líder mundial – como uma líder digital.

Com o espaço para respirar proporcionado pela proteção do Capítulo 11, a Kodak espera ter a chance de se reestruturar e vender ativos para reinvestir nos seus negócios mais promissores. Se os seus credores deixarão que ela reinvista mais dinheiro em sua busca por um futuro digital, entretanto, é outra questão.

Fonte: Waters, R. (2012) Kodak's inability to evolve led to its demise. Financial Times, 20 de Janeiro. © The Financial Times Limited 2012. Todos direitos reservados.

Um desafio importante hoje em dia é ser capaz de prever uma mudança potencial e reter a flexibilidade de reagir em relação a ela rapidamente. Quais são as principais mudanças tecnológicas, econômicas e sociais que estão afetando as vendas dos produtos e serviços da sua empresa hoje em dia e quais serão elas no futuro? Como você vai se preparar para lidar com a mudança?

Escassez de oferta

A economia global está continuando a se tornar mais integrada e, portanto, mais vulnerável a eventos globais. Por exemplo, a produção de carros na Europa pode contar com componentes que foram fabricados no Japão. Seguindo ao terremoto no Japão e às enchentes na Tailândia em 2011, as empresas em muitas indústrias enfrentaram a escassez de componentes-chave; sem estes, a produção e, em última análise as vendas, foram refreadas.

Ocorreram também efeitos secundários para outras empresas fornecedoras de indústrias que tiveram de limitar a sua produção. Problemas de oferta não precisam ser causados por algo tão dramático e imprevisível quanto os desastres naturais de 2011 – greves, quebras de máquinas e falhas corporativas são mais prováveis. O planejamento e, portanto, a elaboração de orçamentos devem levar em consideração esses riscos.

Exercício

1 Em qual estágio de suas vidas estão os produtos de sua organização?
2 Quais são as "tecnologias desorganizadoras" (e outras mudanças) na sua indústria?
3 Como você as monitora?
4 O seu produto ou serviço tem algum substituto em potencial?
5 Como o seu negócio monitora a ação da concorrência?
6 Como as ações da concorrência afetaram as vendas da sua organização através dos últimos 12 meses?
7 Quais são os principais substitutos em potencial para os produtos e serviços da sua organização?
8 A sua organização já enfrentou a escassez na oferta de componentes ou materiais fundamentais?
9 Quais são os riscos de uma escassez no futuro?
10 Como você poderia gerenciá-los melhor?

3

Habilidades de formação financeira essenciais para a elaboração de orçamentos

Qual é a relação entre Custo, Valor, Caixa e Risco? Como contabilizamos receitas e custos? Como isso difere do fluxo de caixa? O que eu preciso compreender a respeito de custos e comportamento de custo? Estas questões são abordadas neste capítulo.

Mais barato nem sempre é melhor: custo e valor na elaboração de orçamentos

Oscar Wilde disse: "Um cínico é um homem que sabe o preço de tudo e o valor de nada". Para elaborar e gerenciar orçamentos, você precisa saber (ou compreender) o custo e valor de tudo.

Quando tomamos nossas próprias decisões de compras para uma despesa pessoal, seja comprando roupas, alimentos ou entretenimento, normalmente as baseamos tanto em relação ao custo quanto ao valor.

Algumas de nossas compras poderíamos considerar como sendo mercadorias no sentido de que nossa escolha pôde ser feita somente com base no custo – mais barato é o melhor. Quando comprando gasolina, por exemplo, poderíamos procurar o posto de combustível mais barato para fazer uma compra, mas na prática a maioria de nós compra gasolina de um posto que seja conveniente e esteja no nosso caminho. Nós não queremos perder tempo procurando pelo mais barato. As pessoas e as empresas podem ter uma ideia diferente de valores. Alguns compradores de roupas ficam satisfeitos com produtos populares baratos, outros preferem marcas caras de estilistas.

De maneira similar, quando fazemos nossas compras com nossos orçamentos no trabalho, não devemos tomar nossas decisões puramente baseadas nos custos, na medida em que pode haver fatores que indicam que o mais barato não é o melhor. Nossa compra não deve ser baseada na opção mais barata, mas na opção de o "melhor valor para o dinheiro": a opção que nos dá o máximo pelo nosso dinheiro. Para definir o que é um bom "valor por dinheiro", nós precisamos não somente conhecer os custos, mas precisamos ser capazes de fazer um julgamento sobre o valor do que estamos comprando. Nós devemos fazer nossas escolhas com base no que atende nossas necessidades de maneira mais efetiva em termos de custos.

Nós talvez façamos economias em custos de mão de obra empregando menos funcionários ou recrutando funcionários menos qualificados ou com menos experiência com salários mais baixos. Isso pode afetar um aspecto importante do serviço ao cliente e nossas economias podem ser compensadas por vendas reduzidas. Quando administradores recebem um orçamento, eles têm de fazer seus julgamentos baseados nos custos e nas consequências de se fazer economias ou gastar mais.

Exercício
Reflita por alguns minutos sobre uma decisão de compra ou economia de custo da sua própria organização onde dinheiro foi poupado à custa do serviço ao cliente ou algo similar (você pode incluir clientes internos na sua consideração).

Quando estamos fazendo economias de custos, temos de começar com o que é importante, o que precisa ser preservado e o que pode ser descartado. Seus julgamentos devem considerar tanto o custo quanto o valor. Para ser um bom gerente de orçamento, você precisa compreender o custo de tudo *e* o valor de tudo.

Provisões, caixa e prática contábil e de orçamento

Esta parte cobre as demonstrações financeiras e os princípios contábeis. Se você já é um especialista na área, você poderia pulá-la, embora talvez você ainda ache o material útil para treinar a sua equipe ou outros colegas. Se você não é um especialista, você vai se beneficiar do estudo através dos exercícios e exemplos. Você também deveria se sentir à vontade ao pedir explicações de seus colegas de finanças – eles estão ali para ajudar e dar suporte a você.

Quando trabalhamos com negócios pequenos, nós frequentemente encontramos proprietários e diretores confusos com demonstrações financeiras produzidas por seus escritórios de contabilidade externos. Se os seus contadores não estão produzindo relatórios e informações que sejam úteis para você, eles não estão fazendo o seu trabalho. Levar a contabilidade "para casa" provavelmente ajudará alguns proprietários de negócios a melhorar sua compreensão.

Não contadores frequentemente ficam confusos com as diferenças em caixa, lucros ("do exercício") e compromissos. Na maioria das organizações, as contas são contabilizadas no exercício. Isso significa que as receitas são registradas à medida que são ganhas; isto é, quando fornecemos bens e serviços. Custos são contabilizados quando recebemos os benefícios desses custos (este conceito é aprofundado com exemplos mais tarde neste capítulo).

Quando fazemos pedidos de bens e serviços, podemos registrá-los em nossas contas como um compromisso. Se você tem um sistema financeiro sofisticado, você poderia simplesmente registrá-los em uma planilha ou um livro contábil. Monitorar os seus compromissos (em vez de apenas suas despesas) e o que você tem de sobra para tomar decisões pode ser uma abordagem útil para se permanecer dentro do orçamento. Se você fizer isso, tente pensar em despesas que poderiam não ser contabilizadas como um compromisso, e no entanto estão efetivamente comprometidas, como o pagamento futuro de funcionários e serviços contratados.

O lucro é uma medida de desempenho e em muitas organizações ele é a única medida deste. É o montante que foi ganho menos os recursos consumidos através de um período. Os lucros são contabilizados no exercício; isso significa que haverá uma diferença entre o orçamento de lucro e o orçamento de caixa. Isso também significa que um negócio pode ser lucrativo e ficar sem dinheiro (ou ir à falência) e, no entanto, um negócio que dá prejuízo pode ainda assim gerar dinheiro e seguir operando.

Custos

Exemplo 1

A Rex Retail Limited opera uma série de lojas em todo o país. Cada loja tem um gerente com responsabilidade absoluta pelo orçamento. Cada mês os gerentes analisam a conta de perdas e lucros (conhecida como P&L) da sua filial. A cobrança de aluguel é sempre a mesma todos os meses, mesmo que o aluguel seja pago a cada trimestre. Se o aluguel for contabilizado quando ele for pago trimestralmente, então a loja pareceria estar indo mal nesses meses e bem nos outros. Para proporcionar um quadro melhor do desempenho, o aluguel deve ser provisionado para o período ao qual ele pertence.

O mesmo princípio será aplicado a taxas e prêmios de seguro. Esses custos estão sendo contabilizados como custos do exercício em vez do caixa. Custos pequenos podem ser contabilizados simplesmente quando forem faturados.

Se a sua empresa utiliza um sistema contábil compreensivo como o SAP R4 ou Oracle, talvez você descubra que os custos são contabilizados quando você recebe o recibo de bens e serviços.

Exercício

Analise os seus próprios orçamentos – quais custos estão distribuídos através de um período e quais estão contabilizados quando faturados? Ou isso acontece quando os bens ou serviços são recebidos do fornecedor?

Custos de capital: a diferença entre despesas de capital e despesas de receitas

Exemplo 2

A Rex Retail renova suas lojas a cada cinco anos a um custo de £ 100.000. Esse custo não é cobrado diretamente da conta de P&L na medida em que se trata de um custo de capital ou despesa de capital.

A despesa de capital é capitalizada, isto é, tratada como um ativo fixo e é amortizada durante sua vida útil (neste caso, cinco anos). Cada filial verá esse custo de renovação como um encargo de depreciação anual de £ 20.000 (£ 100.000 divididas entre os cinco anos). Custos de despesas de receita bruta são cobrados diretamente da conta de P&L da filial. (Mais explicações e exemplos de despesas de capital, depreciação e seu impacto em demonstrações financeiras são dados mais tarde neste capítulo.)

> **Exercício**
>
> Reflita por um momento para analisar o seu orçamento.
>
> **1** Você tem algum encargo de depreciação? (Esses encargos dizem respeito a ativos fixos que são usados por sua unidade de negócios ou departamento.)
>
> **2** Você tem um orçamento de capital? (Este seria um orçamento para gastar em instalações e equipamentos.)

Receita

A receita bruta é registrada na conta de P&L quando ela é ganha. No caso de um varejista, a venda e o recebimento do dinheiro são normalmente a mesma coisa. A maioria das empresas dá crédito para os seus clientes, de maneira que a receita será ganha em um momento diferente de quando o dinheiro for recebido dos clientes. Em alguns negócios onde os clientes pagam adiantado, a receita ainda assim não será reconhecida até que os bens ou serviços tenham sido entregues. É importante compreender a diferença entre receita e recebíveis quando elaborando um orçamento para lucro e fluxo de caixa.

Exemplo

Questão

A Titan Training foi contratada para dar um curso de treinamento *in-house*. Ela recebeu o pedido em janeiro, entregou o programa em fevereiro, entregou a sua fatura para o cliente em março e finalmente recebeu o pagamento em abril. Em qual mês a Titan Training ganhou seus honorários?

Resposta

Os honorários foram ganhos em fevereiro, quando o treinamento foi dado; eles são contabilizados como receita de fevereiro.

Questão

A Titan Training também organiza programas públicos e os clientes normalmente pagam adiantado para esses programas. A Titan organizou um programa em maio. Os delegados pagaram a empresa em abril. Quando a Titan deveria reconhecer a receita para o curso de treinamento?

Resposta

A receita deve ser reconhecida em maio quando o serviço foi prestado.

Compreendendo os números da conta de lucros e perdas

Receita

Se você tem receita em seus orçamentos, você já passou por algum problema ao reconciliar os números? A receita na conta de P&L deve ser reconhecida quando ela é ganha. Isso ocorre geralmente quando os bens e serviços que uma empresa fornece são entregues. Pode haver alguma sazonalidade na sua receita; essa sazonalidade também deve ser refletida no seu orçamento original, de outra maneira você encontrará variações que são causadas puramente por uma divisão ruim dos períodos do orçamento original. Quando você monta o seu orçamento, você precisa compreender quando será mais provável que a receita apareça.

Despesas ou custos

Você precisa compreender as suas despesas ou custos e como eles são contabilizados. Os custos devem ser contabilizados no período em que você ganha o benefício, em vez de quando você paga por eles.

Compreender a diferença entre os lucros (contabilizados na chamada contabilidade de exercício) e o caixa é fundamental quando você está produzindo orçamentos.

Exemplo

O custo de uma conta de aluguel trimestral deve ser distribuído através dos meses aos quais ela diz respeito. O orçamento deve ser montado na mesma base, com 1/12 do aluguel anual sendo contabilizado no orçamento a cada mês, e o custo do aluguel sendo alocado para cada mês na mesma base. Mesmo que o aluguel esteja sendo cobrado na conta de P&L de cada mês, ele mesmo assim será pago na realidade a cada trimestre e isto afetará o fluxo de caixa.

> **Dica: compreendendo a contabilidade de exercício**
>
> Você pode encontrar os termos provisões, provisionando ou provisionado. Sempre que você encontrá-los, é melhor substituí-los pela palavra "combinação". A contabilidade de exercício é simplesmente a combinação de custos e períodos.
>
> Ao fim de cada período, talvez tenhamos de calcular as provisões – custos que surgiram, mas que talvez não tenham sido faturados por nosso fornecedor. Para cobrá-los para o período, nós precisamos "provisionar" o custo. Mais detalhes são dados abaixo.

Análise da contabilidade de exercício

1 Uma diferença de *timing*

O lucro e o caixa são diferentes a curto prazo; em um prazo muito longo eles devem ser os mesmos. O *timing* do lucro pode ser bastante diferente do *timing* do fluxo de caixa, na medida em que o lucro é contabilizado no exercício.

A receita pode ser ganha em um diferente momento de quando ela é paga. É possível que existam vendas que não foram pagas, i.e., há devedores inadimplentes, ou pode haver bens e serviços que foram usados, mas não foram pagos. Em algumas empresas, como agências de viagens, os clientes pagam adiantado.

Os custos atingem a conta de lucros e perdas em um diferente momento de quando eles são pagos. Uma empresa pode ter comprado estoque, cujo custo não atinge a conta de P&L quando ele é comprado, mas mais tarde, quando os benefícios são ganhos dele. Tanto os devedores quanto o estoque são parte do capital de giro (resumido abaixo). Contabilizar as receitas e as despesas em uma contabilidade de exercício também exige que contabilizemos os ativos e passivos no balanço patrimonial (descrito com mais detalhes mais tarde neste capítulo), incluindo capital de giro, ativos fixos e financiamento.

2 Capital de giro

O capital de giro é composto de devedores (contas a receber), estoque e credores (contas a pagar).

Devedores são clientes para os quais nós vendemos bens e serviços e que ainda não nos pagaram. As vendas aparecem nas contas de P&L como receita, mas não aparecem na demonstração do fluxo de caixa. Quando o cliente pagar, isso será contabilizado no fluxo de caixa.

Nossos credores são as organizações para as quais nós devemos dinheiro e, para a maioria de nós, nossos principais credores serão nossos fornecedores.

O estoque é composto de matérias-primas, trabalho em andamento (produtos parcialmente acabados) e produtos acabados, ou produtos para revenda. O estoque é geralmente avaliado pelo mais baixo de dois valores, custo ou valor realizável líquido (o valor que o estoque pode ser vendido, menos os custos para vendê-lo).

Há uma cobertura mais detalhada da elaboração de orçamentos e o gerenciamento de capital de giro no Capítulo 5.

3 Ativos fixos, despesas de capital e depreciação

Um encargo de depreciação para itens de capital é cobrado na conta de P&L, mas não afeta o fluxo de caixa da empresa. O fluxo de caixa é afetado pela compra de ativos fixos, como instalações, máquinas e equipamentos, e os ativos fixos são também conhecidos como "ativos não correntes". Ativos fixos são ativos que proporcionam um benefício a longo prazo para a organização. Eles são amortizados (ou cobrados contra o lucro) ao longo desse período. Existem várias maneiras de compartilhar os custos de depreciação com os anos; o método mais comumente usado é o "método da linha reta".

Exemplo: contabilizando para a depreciação e ativos fixos

Assuma que uma empresa comprou uma camionete por £ 25.000 em dinheiro. Ela planeja usá-la por três anos e então vendê-la por £ 7.000 em dinheiro. Através dos três anos, a camionete terá depreciado em valor em £ 18.000. A depreciação anual será de £ 6.000 ao ano (em "linha reta"). Isto seria £ 6.000 cobradas da conta de P&L (ou do balanço patrimonial) a cada ano. A depreciação não afetaria o fluxo de caixa. O caixa seria reduzido em £ 25.000 quando a camionete foi comprada; ele aumentaria em £7.000 ao final do ano 3 quando a camionete fosse vendida.

A camionete apareceria no balanço patrimonial como £ 25.000 no início do ano 1 e ao final do ano 1 seu valor contábil líquido seria mostrado como £ 25.000 − £ 6.000 = £ 19.000, o que pode ter pouca relação com o valor de mercado da camionete. Ao final do ano 2 o valor contábil líquido do balanço patrimonial cairia para £ 19.000 – £6.000 = £ 13.000, e finalmente no ano 3 ele cairia para £ 13.000 – £ 6.000 = £ 7.000. Se a camionete for vendida por mais do que o valor contábil, isso resulta em um "lucro sobre alienação de ativo fixo"; se ela for vendida por menos, isso é uma "perda sobre a alienação de ativo fixo".

4 Financiamento

Há dois meios de se financiar um negócio – usando o dinheiro do proprietário ou dos acionistas (patrimônio líquido), ou tomando dinheiro emprestado (capital de terceiros). Novos empréstimos ou reembolsos de empréstimos não afetam o lucro da empresa além do impacto dos encargos de juros resultantes. Similarmente, se a empresa emite novas ações para levantar mais capital, não há um impacto sobre o lucro. Muitos negócios aumentam o seu capital na maioria dos anos reinvestindo parte dos lucros.

Métodos diretos e indiretos de se produzir demonstrações do fluxo de caixa

Há duas maneiras de se produzir um fluxo de caixa. O método mais simples é listar todas as suas receitas e pagamentos usando uma abordagem chamada de "abordagem direta".

Os fluxos de caixa dentro de contas publicadas são normalmente produzidos usando a abordagem indireta. A abordagem indireta começa o fluxo de caixa com o número para o lucro e então reconcilia as diferenças entre lucro e caixa. O método indireto é um método muito melhor de se destacar para onde foi o dinheiro e de onde ele veio.

Quando um orçamento é montado, você normalmente está montando orçamentos para lucros e para perdas. Você também poderia produzir orçamentos para o fluxo de caixa. Orçamentos de fluxo de caixa podem ser preparados usando o método direto ou o método indireto, mas o segundo método normalmente é mais fácil. A fim de elaborar um orçamento de caixa usando o método indireto, você precisa prever a depreciação, mudanças no capital de giro, investimento e financiamento.

Exemplos trabalhados de fluxos de caixa diretos e indiretos são dados mais tarde neste capítulo, mas os formatos básicos são como mostrados na Tabela 3.1.

Tabela 3.1 Fluxo de caixa para o ano: formatos básicos

Fluxo de caixa direto	
Somar receitas (dinheiro entrando)	XXX
Menos pagamentos (dinheiro saindo)	(XXX)
Fluxo de caixa para o período	XXX
Fluxo de caixa indireto	
Lucro operacional	XXX
Somar de volta a depreciação	XXX
Mudanças no capital de giro*	
Estoque	XXX
Devedores (contas a receber)	XXX
Credores	XXX
Menos impostos pagos	(XXX)
Menos juros pagos (mais juros recebidos)	(XXX)
Investindo (por exemplo, compra de novos ativos)	(XXX)
Financiando (por exemplo, novos empréstimos, novas ações)	XXX
Fluxo de caixa para o ano	XXX

*Nota: aumento no estoque reduz o caixa, redução no estoque aumenta o caixa; aumento em devedores reduz o caixa, redução nos devedores aumenta o caixa; redução em credores reduz o caixa, aumento em credores aumenta o caixa.

O balanço patrimonial

As três demonstrações financeiras primárias dentro de um negócio são a conta de lucros e perdas (P&L) ou demonstração do resultado, o fluxo de caixa e o balanço patrimonial.

Para a maioria dos não contadores, o balanço patrimonial é um completo mistério. Ele é meramente uma lista de ativos e passivos em um determinado dia e é frequentemente descrito como um instantâneo do negócio. Ele é chamado de balanço patrimonial porque é simplesmente uma lista de balanços. Se você entrar no seu sistema de contabilidade em qualquer dia e pegar os balanços em cada conta dentro do sistema, você poderia produzir um balanço patrimonial. Como descrito anteriormente, muitas das mudanças nos balanços ao longo de um período representarão as diferenças entre o lucro e o caixa. Você verá isso trabalhando através dos exemplos das demonstrações financeiras dadas nas páginas a seguir.

O balanço patrimonial talvez seja a menos útil dentre as demonstrações financeiras. É possível se produzir alguns orçamentos sem compreender o balanço patrimonial. Se você está produzindo um orçamento para toda a organização, quem sabe para um negócio pequeno, você talvez precise também produzir um balanço patrimonial orçado.

No balanço patrimonial, os ativos do negócio são classificados como ativos fixos (ou ativos não correntes) e ativos correntes.

Ativos fixos são os ativos a longo prazo do negócio, e eles incluem:

- Ativos tangíveis como uma instalação, máquinas e equipamentos
- Investimentos a longo prazo
- Ativos intangíveis (como nomes de marca, patentes e bom relacionamento com os clientes).

Ativos correntes são ativos a curto prazo, e eles incluem:

- Estoque
- Devedores (ou contas a receber)
- Caixa

Os passivos do negócio também são classificados como sendo não correntes (passivos a longo prazo que são devidos em mais de 12 meses) e correntes (passivos que são devidos dentro de 12 meses). O principal tipo de passivo não corrente será tipicamente de empréstimos bancários de longo prazo. O principal tipo de passivo corrente é composto por fornecedores (ou contas a pagar).

A soma de todos os ativos menos a soma de todos os passivos é igual aos ativos líquidos. Os ativos líquidos equiparam-se aos "fundos de acionistas". Você pode pensar nos fundos dos acionistas como sendo o montante devido aos acionistas pela empresa, ou o que eles investiram nela. A cifra dos "ativos líquidos" não revela para você o valor do negócio; o valor de um orçamento é mais provável que seja relacionado ao lucro potencial futuro. Há layouts de balanços patrimoniais alternativos e estes são ilustrados na Figura 3.1. Eles representam a "equação do balanço patrimonial".

Ativos líquidos = fundos dos acionistas

Ativos fixos + ativos correntes − passivos correntes − passivos a longo prazo
= fundos dos acionistas

ou

Ativos fixos + ativos correntes
= fundos dos acionistas + passivos a longo prazo + passivos correntes

ou

Ativos fixos + ativos correntes − passivos correntes
= fundos dos acionistas + passivos a longo prazo

Modelo simples de demonstrações financeiras

A Figura 3.2 mostra a relação entre as demonstrações financeiras. Mudanças no lucro, caixa, capital de giro, ativos fixos e financiamento mudarão o balanço patrimonial do ano. O caixa e o lucro são diferentes, mas o lucro afeta o fluxo de caixa – o caixa a longo prazo e o lucro são os mesmos. O caixa não será modificado por movimentos no capital de giro, a venda ou compra de ativos fixos e mudanças no financiamento. A depreciação reduz o lucro e os valores de ativos fixos, mas não afeta o caixa.

Ilustração simples das demonstrações financeiras

Este é um modelo simplificado para um comércio que compra e vende produtos. Ele é projetado para ajudá-lo a compreender as demonstrações financeiras e como elas se encaixam. O exemplo também mostra para você a diferença entre os métodos direto e indireto de produzir as demonstrações de fluxo de caixa. Para tornar o exemplo mais simples, não há dividendos para os acionistas e nenhuma tributação.

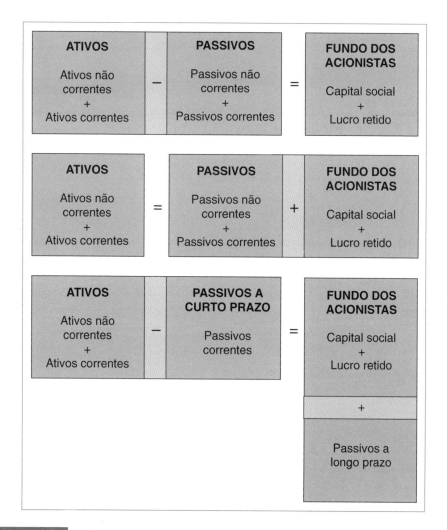

Figura 3.1 Leiautes de balanços patrimoniais alternativos

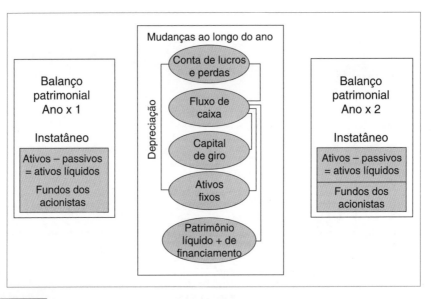

Figura 3.2 **A relação entre as demonstrações financeiras**

Exercício

1 Tente trabalhar ao longo das demonstrações dos resultados, fluxos de caixa e balanços patrimoniais para ver se você consegue perceber de onde vieram os números e como as demonstrações se inter-relacionam.

2 Analise as demonstrações publicadas da sua própria organização para ver como o modelo casa com elas.

3 Se você tiver acesso aos relatórios de administração internos tente o mesmo exercício usando estes.

4 Como um desafio de aprendizado extra, você poderia criar um modelo de planilha da demonstração financeira a partir do exemplo, então usando este modelo fazer uma estimativa (ou previsão) para as demonstrações financeiras do ano 4. Para qual direção você acha que elas estão indo, em relação ao lucro do ano e ao saldo de fechamento de caixa?

Nota: prever o lucro exige que você preveja receitas e custos. Prever o caixa também exige fundamentalmente que você preveja o capital de giro – estoque, contas a receber e contas a pagar – além do lucro. (A elaboração de modelos para o capital de giro, assim como seu gerenciamento, são cobertos mais detalhadamente no Capítulo 5.) Prever o caixa usando o método do fluxo de caixa "indireto" deve ser a maneira mais fácil. Prever o balanço patrimonial proporcionará a você o menor benefício das três demonstrações financeiras.

Tabela 3.2 — Demonstração do resultado (conta de P&L)

	Ano 1 £ 000s	Ano 2 £ 000s	Ano 3 £ 000s
Vendas	1.000	1.200	1.300
Menos custo das vendas	(500)	(610)	(670)
Lucro bruto	500	590	630
Margem bruta (lucro bruto/vendas)	50%	49%	48%
Menos despesas operacionais	(400)	(500)	(600)
Lucro operacional	100	90	30
Margem de lucro operacional (lucro operacional/vendas)	10%	8%	2%
Menos juros (sobre empréstimos)	(10)	(11)	(11)
Lucro após os juros	90	79	19

Tabela 3.2 — Movimentos do balanço patrimonial – capital de giro

	Ano 1 £ 000s	Ano 2 £ 000s	Ano 3 £ 000s
1. Estoque			
Abertura (balanço no início do período)	30	60	90
Compras	530	640	670
Vendido	(500)	(610)	(670)
Fechamento (balanço no fim do período)	60	90	90
2. Contas a receber (devedores) – clientes			
Abertura (balanço no início do período)	110	210	310
Adicionar vendas a crédito	1.000	1.200	1.300
Menos pagamentos pelos clientes	(900)	(1.100)	(1.200)
Fechamento (balanço no fim do período)	210	310	410
3. Contas a pagar (credores) – fornecedores			
Abertura (balanço no início do período)	60	80	200
Adicionar compras a crédito	530	640	670
Menos pagamentos aos fornecedores	(510)	(520)	(620)
Fechamento (balanço no fim do período)	80	200	250

Parte 1 – Preparando os seus orçamentos

Tabela 3.4 Movimentos do balanço patrimonial – ativos não correntes (ativos fixos)

Abertura (balanço no início do período)	100	110	150
Adicionar novos ativos comprados	50	100	50
Menos ativos vendidos	0	0	0
Menos a depreciação dos ativos ao longo do período	(40)	(60)	(60)
Fechamento (balanço ao fim do período)	110	150	140

Tabela 3.5 Movimentos do balanço patrimonial – empréstimos

Empréstimo de abertura	100	100	110
Adicionar novo empréstimo	0	10	0
Menos reembolsos	0	0	0
Balanço de fechamento	100	110	110

Tabela 3.6 Fluxo de caixa – método indireto

	Ano 1 £ 000s	Ano 2 £ 000s	Ano 3 £ 000s
Lucro operacional	100	90	30
Adicionar de volta depreciação	40	60	60
	140	150	90
Mudança no capital de giro			
Estoque	(30)	(30)	0
Contas a receber	(100)	(100)	(100)
Contas a pagar	20	120	50
	(110)	(10)	(50)
Juros pagos	(10)	(11)	(11)
Fluxo de caixa de atividades operacionais	20	129	29
Fluxo de caixa de atividades de investimento	"		"
Despesas de capital – novos ativos não correntes	(50)	(100)	(50)
Fluxo de caixa de atividades de financiamento	"		"
Novos empréstimos	0	10	0
Mudança no caixa	(30)	39	(21)
Balanço de abertura do caixa	40	10	49
Mudança no caixa	(30)	39	(21)
Balanço de fechamento	10	49	28

3 ■ Habilidades de formação financeira essenciais... **83**

Tabela 3.7 Fluxo de caixa – método direto

	Ano 1 £ 000s	Ano 2 £ 000s	Ano 3 £ 000s
Dinheiro entrando			
Receitas de clientes	900	1.100	1.200
Novos empréstimos	0	0	0
	900	1.110	1.200
Dinheiro saindo			
Pagamento em dinheiro para fornecedores	(510)	(520)	(620)
Despesas de caixa (despesas operacionais menos depreciação)	(360)	(440)	(540)
Compra de ativos fixos	(50)	(100)	(50)
Juros	(10)	(11)	(11)
Reembolsos de empréstimos	0	0	0
	(930)	(1.071)	(1.221)
Mudança de caixa ao longo do período	(30)	39	(21)

Tabela 3.8 Balanço patrimonial como ao final do ano

	Ano 1 £ 000s	Ano 2 £ 000s	Ano 3 £ 000s
Ativos não correntes (ativos fixos)	110	150	140
Ativos correntes			
Estoque	60	90	90
Contas a receber (devedores)	210	310	410
Caixa	10	49	28
	280	449	528
Passivos correntes (curto prazo devido nos próximos 12 meses)			
Contas a pagar (credores)	(80)	(200)	(250)
Passivos não correntes (longo prazo) – empréstimos	(100)	(110)	(110)
Ativos líquidos	**210**	**289**	**308**
Capital social	100	100	100
Lucro retido no início do ano	20	110	189
Lucro retido para o ano	90	79	19
Fundos dos acionistas	**210**	**289**	**308**

O orçamento geral

O orçamento geral é o orçamento amplo para a organização. Ele inclui uma demonstração do resultado orçada, um balanço patrimonial e uma demonstração de fluxo de caixa. Para produzir o orçamento geral você precisa compreender a contabilidade de exercício e como as três demonstrações financeiras se encaixam. Se você está produzindo o orçamento para o seu departamento, em última análise, ele precisará encaixar-se no orçamento geral global.

Os componentes do orçamento geral para uma indústria poderiam ser:

- orçamento de vendas;
- orçamento de produção;
- orçamento de materiais /orçamento de materiais direto;
- orçamento de mão de obra;
- orçamento de despesas indiretas de produção;
- orçamento de estoque final de produtos acabados;
- orçamento de caixa;
- orçamento de despesas administrativas e de vendas;
- demonstração do resultado orçada;
- balanço patrimonial orçado.

Há uma série de pontos de partida potenciais para o orçamento, dependendo das circunstâncias da empresa. Previsão de vendas, capacidade de produção, caixa e lucro exigido são normalmente as principais questões abordadas – uma combinação de objetivos e fatores limitantes. Uma empresa de produtos de consumo pode começar com uma previsão de vendas, levando ao planejamento da produção para atender a demanda esperada. Uma empresa de produtos químicos a granel pode começar com sua capacidade de produção planejando operar com sua produção máxima para minimizar seus custos de produção. Essa empresa provavelmente será uma "tomadora de preços" – tomando o preço de mercado para vender sua capacidade.

Nos anos antes da recessão de 2008, muitas empresas do Reino Unido foram impelidas a estabelecer um orçamento para atingir uma meta de lucro. Esse orçamento era baseado em geral na superação do desempenho do lucro do ano anterior – normalmente através de mais vendas. Nos anos que seguiram à recessão, muitas empresas tiveram de mudar seu foco para tentar manter seus lucros existentes – frequentemente através do corte de custos. Para muitas empresas tomar empréstimos junto aos bancos tornou-se mais difícil e algumas tiveram de mudar sua prioridade da obtenção de lucros para a geração de caixa a fim de conseguirem financiar a si mesmas ou para reembolsar empréstimos.

> **Exercício**
>
> Em sua opinião, qual é o ponto de partida para o orçamento na sua organização? Qual é a sua prioridade atual: crescimento, vendas, sobrevivência, lucro ou caixa?

Dentro de todas as organizações, os orçamentos precisam ser coordenados. Isso pode ser feito através de uma pequena equipe de administradores seniores muitas vezes conhecidos como comitê de orçamento.

Custos

Escolha de rubricas de custos

A elaboração de orçamentos é frequentemente influenciada ou mesmo orientada por rubricas de contas ou títulos. Dividir os custos de maneira detalhada demais pode criar um trabalho extra sem produzir informações úteis, mas detalhes insuficientes tornam a análise difícil. Idealmente a divisão da sua conta deveria ajudar na análise de por que você está incorrendo em custos, em vez de apenas uma descrição dos mesmos. Por exemplo, considere o benefício de descrever o gasto de dinheiro em um folheto de propaganda como promoção, em vez de apenas impressão.

> **Exercício**
>
> Pare um momento para analisar as rubricas de contas e descrições nos seus relatórios de gerenciamento. Elas poderiam ser melhoradas para tornar a elaboração ou a análise de orçamentos melhor?

Custos e estrutura de custo

Quando elaborando orçamentos para custos, nós precisamos compreender o que impele os custos. Normalmente pensamos nos custos como sendo fixos ou variáveis. Custos fixos são custos que não levam em consideração volumes. Por exemplo, o aluguel em uma loja pode ser considerado fixo na medida em que não importa o que a loja vender, o aluguel será o mesmo. Enquanto o custo das mercadorias que ela vende, ou talvez as sacolas e embalagens para os clientes serão custos variáveis: portanto, à medida que as vendas aumentarem, esses custos aumentarão também.

Quando elaboramos um orçamento, nós estamos realmente elaborando um modelo do nosso negócio e a relação entre o volume e os custos. Alguns custos serão escalonados, de maneira que uma vez que determinados volumes sejam alcançados, esses custos darão um salto para cima. Os custos com a equipe de trabalho, por exemplo, normalmente seriam considerados custos fixos em uma loja. Entretanto, em determinadas épocas de muito movimento com o aumento de clientes e vendas, a loja pode precisar contratar mais funcionários, de maneira que os custos aumentam com o volume.

Há outros fatores que impelem os custos fora o volume de vendas. O custeio baseado em atividades (ABC – *activity based costing*) é uma abordagem que busca compreender e elaborar um modelo para alguns destes outros impulsionadores de custos.

O custeio baseado em atividades é muitas vezes referido como custeio para complexidade. Se nós aumentamos a complexidade, nós aumentamos a atividade e isso aumenta os custos. Essa abordagem sofisticada para o custeio foi adotada por muito poucas empresas, provavelmente porque como abordagem, ela é muito complexa. Apesar disto, as empresas ainda podem tomar emprestadas algumas das ideias do ABC. A ideia é que a maneira para se diminuir custos é através da diminuição da complexidade e da variedade. Mais padronização leva a custos mais baixos. Mais detalhes sobre o ABC são cobertos mais tarde neste capítulo.

Quando você está tentando construir um modelo dos seus custos, tente pensar a respeito dos fatores que os influenciam e então concentre seus esforços na compreensão dos custos mais expressivos. Um custo pequeno pode ser estimado de maneira aproximada sem grande perda.

Custos fixos e custos variáveis

Exemplo: a padaria

Considere uma padaria. O aluguel e as taxas da loja são as mesmas não importa quantos bolos a padaria cozer e vender em uma semana. Se ela aumentar suas vendas e o cozimento de bolos, ela vai consumir mais ingredientes, que são custos variáveis. Há uma relação direta entre o montante de produtos produzidos e o custo de produzi-los.

Os livros didáticos frequentemente definem os custos como sendo claramente fixos ou claramente variáveis, mas isto é uma simplificação excessiva. A curto prazo, muitos dos nossos custos podem ser mais fixos. A padaria pode estar comprometida com a produção sem qualquer garantia de que os bolos venderão. A longo prazo, os custos que poderiam ser considerados fixos podem ser variáveis. Por exemplo, se as vendas da loja aumentarem, então a loja talvez precise contratar um funcionário extra. Se as vendas caírem, a loja talvez reduza sua equipe. Se as vendas caírem muito, talvez o proprietário faça melhor em fechar a loja e poupar o aluguel.

Administradores muitas vezes interpretam mal o termo custos variáveis. Por exemplo, o custo do aquecimento e iluminação pode variar durante o ano devido a mudanças no tempo. Esses custos, no entanto, dificilmente variarão com o volume de produtos produzidos e vendidos, e assim esses custos seriam descritos como fixos. É mais provável que os custos variáveis sejam facilmente rastreados até o produto ou serviço e tenham mais chances de serem "custos diretos".

Quando os administradores se concentram no gerenciamento de custos, eles frequentemente consideram os custos fixos como sendo custos que não podem ser alterados. Isto não é necessariamente verdade. Só porque os custos são chamados de fixos, isso não significa que economias não possam ser feitas.

Quando fazendo economias em qualquer custo, seja ele fixo ou variável, nós temos de nos assegurar que as economias sejam feitas sem prejudicar a qualidade do produto ou serviço. A qualidade está nos "olhos do cliente". Cortar a quantidade de creme em um bolo de creme pode poupar dinheiro, mas pode destruir o seu valor para o cliente – trocar para um fornecedor de laticínios mais barato poderia cortar os custos sem comprometer o valor do cliente.

Análise de valor e engenharia de valor

A análise de valor e a engenharia de valor foram técnicas desenvolvidas durante a Segunda Guerra Mundial pela grande empresa norte-americana General Electric. A escassez de recursos forçou a General Electric a procurar substitutos tanto para a mão de obra quanto para os materiais. Ao fazer isso, eles descobriram economias de custo potenciais que foram realizadas sem qualquer comprometimento ao desempenho do produto acabado.

O princípio fundamental por trás da análise de valor e da engenharia de valor é reduzir o custo sem afetar o valor para o consumidor final, ou sem afetar o funcionamento do produto para qualquer que seja a função que ele tenha sido projetado.

Um bom ponto de partida é definir precisamente quais são as exigências do consumidor e o que o produto está proporcionando para ele. Em alguns casos, em vez de tentar cortar os custos, as empresas descobriram que elas podiam na realidade adicionar um pouco mais de custo para adicionar um pouco mais de valor extra, que pode então ser cobrado de volta ao consumidor.

No Reino Unido, o maior supermercado de produtos de alta qualidade é o Marks & Spencer. O supermercado vende produtos alimentícios de alta qualidade a um preço especial. Quando você compra um bolo no Marks & Spencer, você sabe que ele será bom! Os clientes estão preparados para pagar um pouco mais para receber essa qualidade esperada e garantida. Ao gastar um pouco mais nos ingredientes do produto, na embalagem e na produção do bolo, a empresa pode estar fornecendo bem mais valor agregado.

Em comparação, supermercados de desconto competem predominantemente no preço, sua prioridade sendo cortar custos onde eles podem. Se eles fizessem seus produtos "melhores" e cobrassem ligeiramente mais, a qualidade melhor não seria necessariamente valorizada pelos seus clientes que estão mais concentrados no custo do produto.

Nós podemos pensar no preço que o cliente está preparado para pagar por um produto ou serviço como sendo o que o cliente avalia que aquele produto ou serviço vale. Em última análise, todos os negócios lucram ao proporcionar mais valor aos seus clientes. Talvez seja necessário que o negócio incorra em algum custo extra para proporcionar este valor extra.

Exercício

Negócios bem-sucedidos reconhecem onde eles podem agregar valor mais efetivamente. Você sabe como o seu negócio agrega valor mais efetivamente?

Talvez existam algumas funções desempenhadas por um negócio que agregam muito pouco valor e seja melhor terceirizá-las. A Apple agrega o maior valor no seu design e marketing. Toda a montagem dos produtos da Apple é terceirizada (no momento grande parte dela para uma empresa da China chamada Foxconn). A montagem de produtos eletrônicos é uma atividade que agrega pouco valor. A Apple concentra a sua atenção onde ela agrega o máximo de valor – design e marketing.

As organizações e seus gerentes de orçamento precisam compreender a relação entre custos e valor. Citando de maneira ligeiramente equivocada Oscar Wilde, contadores às vezes sabem "o custo de tudo e o valor de nada". Gerentes de orçamento precisam compreender tanto o custo quanto o valor de tudo.

Citação

Charles Haskell Revson (1906–1975), fundador da empresa de cosméticos Revlon, disse: "Na fábrica, nós produzimos cosméticos; na loja, nós vendemos esperança". A fábrica de Revlon produzia cosméticos, mas o benefício, o valor real que os seus produtos estariam proporcionando, era algo sem dúvida mais intangível: ele de maneira alegre o descrevia como esperança.

Você pode trabalhar onde os custos podem ser poupados sem afetar o desempenho do seu departamento em termos de proporcionar o que os seus clientes estão procurando.

Exemplo

Em anos recentes companhias aéreas de baixo custo têm sido muito bem-sucedidas. Frequentemente elas seguem um modelo desenvolvido pela Southwest Airlines nos Estados Unidos. Companhias aéreas de baixo custo como a Southwest Airlines, easyJet e Ryanair são muitas vezes referidas como companhias aéreas "sem luxos". Elas cortaram as questões supérfluas que não agregam valor.

Se você está buscando um transporte conveniente para um voo curto, você provavelmente não está interessado em uma refeição gratuita e entretenimento durante a viagem. Essencialmente, esses clientes estão procurando por um ônibus no céu. Os aspectos mais importantes ao se reservar um voo tornam-se então o custo e a confiabilidade, em vez de o brilho e o glamour antiquados da viagem aérea.

Alguns viajantes ainda preferem os padrões antiquados e rejeitam as companhias aéreas de baixo custo, mas estas não estão tentando atingir esses clientes. A Southwest Airlines é hoje a maior companhia aérea doméstica nos Estados Unidos, enquanto várias outras companhias aéreas tradicionais lutam com a falência.

Análise de valor em organizações "sem fins lucrativos"

Os mesmos princípios também podem ser aplicados dentro de organizações sem fins lucrativos como caridades ou organizações no setor público.

Quando procurando fazer economias, devemos considerar como as economias nos afetam em nossa busca por alcançar os objetivos da organização. Isso pode ser especialmente difícil em organizações de caridade e de serviço público que podem ter objetivos e demandas múltiplos para seus recursos (frequentemente muito limitados).

Organizações de setor público devem examinar como elas proporcionam valor para suas partes interessadas; estas incluirão usuários do serviço, contribuintes e o estado. Similarmente, caridades têm de analisar se elas estão proporcionando valor para as suas partes interessadas. Essas partes interessadas serão principalmente os beneficiários da caridade, mas também poderiam incluir doadores e financiadores.

Os conceitos de valor são aplicados dentro de um modelo do setor público chamado de "valor por dinheiro" ou o modelo VFM (*value for money*). Mais detalhes da abordagem VFM são cobertos no Capítulo 7. Esse modelo pode ser adaptado para uso em todas as organizações sem fins lucrativos. Ele também é um modelo que poderia ser usado no centro de custo em um negócio comercial.

Exercício

1 Quem são os clientes da sua organização e o que o seu produto ou serviço tem que é mais valioso para eles?

2 Como a sua organização poderia cortar melhor os custos sem destruir o valor do cliente?

3 Onde a sua organização e departamento agregam valor mais efetivamente?

Custos relevantes para a elaboração de orçamentos

Para gerenciar os custos efetivamente, administradores precisam compreender como os custos se comportam e quais custos mudam com diferentes decisões.

Nós já consideramos os custos como sendo fixos ou variáveis. Custos podem ser fixos com volume ou variáveis (aumentando com o volume). Pode haver outros "impulsionadores de custos" também, ou outros fatores que afetam os custos. O custeio baseado em atividades é uma abordagem que busca elaborar um modelo para alguns desses outros fatores.

Recuperação de custos indiretos: como os custos indiretos são recuperados de produtos e serviços

Custos podem ser descritos como sendo diretos ou indiretos. Custos diretos são aqueles custos que são diretamente atribuíveis a um produto ou serviço e são normalmente mão de obra direta ou materiais diretos. Eles também podem ser despesas diretas. A terminologia origina-se da indústria manufatureira e é difícil de traduzi-la para muitos negócios de serviços. O termo "custos indiretos" é geralmente visto em termos negativos, mas ele talvez seja o custo extra que agrega o importante valor extra.

Pense a respeito da manufatura de uma mesa. A madeira, metal e plástico que vão diretamente na produção da mesa são os *materiais diretos*. A mão de obra são as pessoas que fazem a mesa e é considerada como *mão de obra* direta. Então presuma que a mesa seja manufaturada em uma fábrica juntamente com vários outros produtos. A fábrica tem um encargo de aluguel mensal e esse encargo pode ser considerado um *custo indireto*. Isto porque ele não pertence a um único produto, mas à capacidade de produção total da fábrica.

Poderia ser considerado vantajoso atribuir os custos indiretos de volta aos produtos individuais de maneira que a lucratividade de produtos individuais possa ser estabelecida. Se todos os produtos são muito parecidos, seria razoável dividir os custos indiretos pelo número de produtos fabricados em um determinado período para obter uma taxa por unidade. Se a fábrica manufatura uma gama de produtos diferentes, talvez não seja razoável cobrar os custos indiretos nessa base. Custos indiretos são normalmente cobrados em proporção ao conteúdo de mão de obra.

Agora presuma que a fábrica produza mesas e cadeiras, e que uma mesa leva três horas de mão de obra direta para fazer enquanto uma cadeira uma hora e meia. Nessa situação, poderia parecer razoável cobrar duas vezes mais custos indiretos de uma mesa do que de uma cadeira. Isto não ocorre necessariamente dessa maneira, pois a mão de obra direta é apenas uma base de cobrança ou recuperação de custos indiretos.

Em vez de usar as horas de mão de obra direta, seria possível compartilhar o custo entre os produtos baseado no tempo de máquina. Para manufaturar uma mesa, talvez leve apenas uma hora de máquina, enquanto a manufatura de uma cadeira talvez leve uma hora e meia de máquina. Neste caso, a cadeira talvez leve uma proporção maior do custo indireto.

Esse tipo de recuperação de custo indireto ou *absorção de custo indireto* foi desenvolvido mais de 100 anos atrás, quando a indústria manufatureira era muito diferente de hoje em dia. Talvez fosse razoável presumir que a maior parte do custo indireto fosse de certa maneira relacionada ao conteúdo de mão de obra ou de maquinário.

Para muitos negócios hoje em dia, os custos indiretos, como uma proporção do custo total, aumentaram. Hoje em dia, tornou-se mais importante focar não apenas o controle e administração dos custos diretos, mas também os custos indiretos.

Algumas empresas escolhem não tentar recuperar os custos indiretos nos seus custeios de produtos, e essa abordagem é conhecida como *custeio variável* ou *custeio direto*. Há um problema potencial de que, sem tentar incluir despesas gerais em nossos custos de produtos, talvez sejamos tentados a sub-recuperar custos na precificação.

Custeio baseado em atividades (ABC)

Em algumas organizações, custos indiretos estiveram crescendo, e agora talvez sejam maiores do que os custos diretos. Com essa mudança nos custos das organizações veio o custeio baseado em atividade (ABC). A abordagem foi desenvolvida pelo professor Robert Kaplan na Harvard Business School nos anos de 1980.

Com o ABC, o foco não é mais sobre o custeio do produto, mas o custeio dos processos. Os custos dos processos são cobrados de volta dos produtos e serviços de acordo com a maneira que eles usam esse processo ou atividade.

O custeio baseado em atividades foi intensamente promovido tanto por acadêmicos quanto por consultores no passado. No entanto, a maioria dos negócios escolheu evitar essa técnica, acreditando que a abordagem seja complicada demais. O método também ainda exige suposições e distribuições de custos como o custeio por absorção.

Se você não usa ou nunca usará o ABC, mesmo assim você ainda pode aproveitar algumas ideias da teoria. Uma ideia do ABC é a de que administradores não gerenciam custos; em vez disso, eles gerenciam atividades. Para reduzir nossos custos, nós precisamos reduzir nossas atividades ou encontrar uma maneira mais simples de desempenhá-las. As principais oportunidades para se reduzir atividades desnecessárias são reduzir a complexidade e a variedade desnecessárias (a complexidade e a variedade desnecessárias seriam a complexidade e a variedade que não agregam valor para os clientes). Isto inclui:

- Reduzir ou padronizar produtos, serviços e componentes (exemplos de economias – armazenagem e manutenção de estoque, menos tempo trocando recursos entre diferentes produtos e serviços, produção/operações mais eficientes).
- Reduzir o número de fornecedores (exemplos de economias – menos pedidos de compras e relações com fornecedores para administrar).
- Reduzir o número de clientes (exemplos de economias – menos relações com clientes e contas para administrar – clientes pequenos em vez de serem largados podem ser servidos de maneira mais econômica através de agentes ou um serviço diferente).
- Reduzir centros de custo e unidades de negócios (exemplos de economias – administração e contabilidade reduzidas).
- Reduzir locais (exemplos de economias – custos de propriedade e deslocamento reduzidos).

Exemplo

Considere um negócio que manufatura 100 produtos com cada produto usando 100 componentes. Quanta complexidade há em sua produção? Quanto essa complexidade custa em termos de custos indiretos extras?

Se a empresa trabalha para racionalizar sua gama de produtos para apenas 20, e os componentes para apenas 20 componentes padrão, nós podemos ver que haverá uma redução maciça na complexidade da produção, provavelmente resultando em uma redução global nos custos.

Além de racionalizar a gama de produtos e os componentes dos mesmos, as empresas também podem reduzir a complexidade e variedade reduzindo o número de fornecedores e o número de clientes. Pode soar como uma ideia estranha tentar realizar melhorias através da redução do número de clientes, mas às vezes é o caso que alguns clientes menores podem custar bem mais para servir do que eles proporcionam em lucro extra.

Um benefício do ABC é que ele pode ser usado não apenas para realizar o custeio de produtos, como também o de clientes e assim produzir uma análise de lucratividade do cliente, que analisa a lucratividade por cliente após distribuir uma proporção dos custos indiretos para cada conta. Sua organização talvez tenha alguns clientes que custam mais para servir do que eles geram em lucro bruto?

Exercício

1 Liste as oportunidades para reduzir a complexidade e a variedade no seu departamento ou organização (sem reduzir o valor).

2 Para cada oportunidade, descreva quais custos têm mais chance de serem reduzidos por esta simplificação.

3 Tente fazer uma estimativa do que as economias poderiam chegar.

O modelo do ponto de equilíbrio

Um dos modelos financeiros mais simples é chamado de modelo do ponto de equilíbrio. Com o modelo do ponto de equilíbrio, nós podemos trabalhar quais volumes de vendas são necessários para cobrir os custos e, portanto, encontrar o ponto de equilíbrio. O modelo diz respeito fundamentalmente à estrutura de custo da empresa, seu mix entre os custos que são fixos com o volume e os custos que são variáveis com o volume.

Exemplo

Você se lembra da padaria com custos fixos mensais de aluguel, taxas, aquecimento, luz, seguro e funcionários? Esses custos fixos chegam a £ 10.000 cada mês. A loja prepara e vende bolos. Os bolos são vendidos a £ 1,00 cada e têm custos de ingredientes de £ 0,20. Quando cada bolo é vendido, ele faz uma contribuição de £ 0,80 (a contribuição são as vendas menos os custos variáveis). Quantos bolos a loja precisa vender a fim de encontrar seu ponto de equilíbrio?

O cálculo do ponto de equilíbrio é uma divisão simples dos custos fixos totais para o mês pela contribuição unitária feita em cada bolo. £ 10.000 divididos por uma contribuição unitária de £ 0,80 resulta em um ponto de equilíbrio de 12.500 bolos (ver Tabela 3.9). O ponto de equilíbrio também pode ser expresso em termos da receita de vendas. Para encontrar o ponto de equilíbrio em termos da receita de vendas, simplesmente divida os custos fixos pela taxa de contribuição. A taxa de contribuição é a contribuição (vendas menos custos variáveis) dividida pela receita.

No exemplo da confeitaria, a taxa de contribuição é de 80%. Em outras palavras, para todas as vendas, 80% delas tornam-se uma contribuição extra e em última análise lucro extra. Os custos fixos são £ 10.000 para o mês. Este número dividido pela taxa de contribuição de 80% resulta em um ponto de equilíbrio com vendas de £ 12.500. O modelo do ponto de equilíbrio pode ser ilustrado em um gráfico (ver Figura 3.3).

O gráfico do ponto de equilíbrio é um gráfico da receita de vendas contra o volume sobreposto a um gráfico de custos contra o volume. A linha horizontal representa os custos fixos, a linha de custos variáveis inclina-se para cima com o aumento do volume. Onde a linha de custos totais e a linha de vendas se cruzam é o ponto de equilíbrio.

Tabela 3.9 Números de ponto de equilíbrio da confeitaria

Bolos vendidos	Vendas	Custos fixos	Custos variáveis £	Custos totais	Lucro	
0	0	10.000	0	10.000	(10.000)	
2.500	2.500	10.000	500	10.500	(8.000)	
5.000	5.000	10.000	1.000	11.000	(6.000)	
7.500	7.500	10.000	1.500	11.500	(4.000)	
10.000	10.000	10.000	2.000	12.000	(2.000)	
12.500	**12.500**	**10.000**	**2.500**	**12.500**	**0**	Ponto de equilíbrio
15.000	15.000	10.000	3.000	13.000	2.000	
17.500	17.500	10.000	3.500	13.500	4.000	
20.000	20.000	10.000	4.000	14.000	6.000	

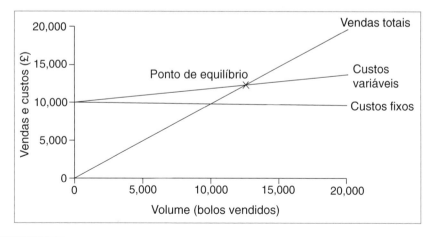

Figura 3.3 **Ponto de equilíbrio para uma confeitaria**

Estrutura de custo

A estrutura de custo de uma empresa diz respeito a quantos dos seus custos são fixos e quantos deles são variáveis. Compreender a estrutura de custo da organização é importante para determinar o que tem o maior impacto sobre o desempenho financeiro da organização. Isso terá um efeito significativo sobre nossa abordagem para orçamentos e elaboração de orçamentos. É importante compreender completamente a estrutura de custo da sua organização para saber onde o seu esforço maior deve ser direcionado quando elaborar e gerenciar o orçamento.

Exemplo

Há duas empresas, A e B:

- **Empresa A** – a maioria dos seus custos é variável; ela tem uma taxa baixa de contribuição.

- **Empresa B** – a maioria dos seus custos é fixa; ela tem uma alta taxa de contribuição. Vendas extras transformam-se em bastante contribuição extra.

As contas de lucros e perdas para as duas empresas são dadas abaixo. Ambas empresas têm as mesmas vendas iniciais e o mesmo lucro inicial. As tabelas também mostram o impacto de um aumento de 25% nas vendas e uma redução de 25% nas vendas.

Tabela 3.10 Empresa A (£)

		Aumento de 25 % nas vendas	*Redução de 25 % nas vendas*
Vendas	100.000	125.000	75.000
Menos custos variáveis	(80.000)	(100.000)	(60.000)
Contribuição	20.000	25.000	15.000
Menos custos fixos	(10.000)	(10.000)	(10.000)
Lucro	10.000	15.000	5.000

Tabela 3.11 — Empresa B (£)

		Aumento de 25 % nas vendas	Redução de 25 % nas vendas
Vendas	100.000	125.000	75.000
Menos custos variáveis	(20.000)	(25.000)	(15.000)
Contribuição	80.000	100.000	60.000
Menos custos fixos	(70.000)	(70.000)	(70.000)
Lucro	10.000	30.000	10.000

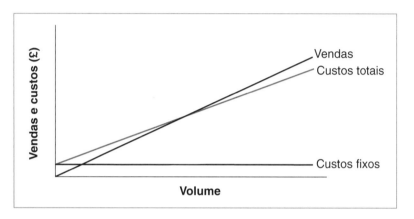

Figura 3.4 — Empresa A

Empresa A (£)

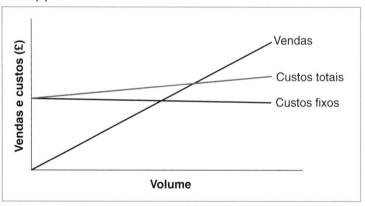

Figura 3.5 — Empresa B

Exercício

1 Qual empresa você preferiria estar em um período de economia aquecida? E em um período de recessão?

2 Qual empresa é mais arriscada?

As empresas ilustram uma diferença na "estrutura de custo" (o mix entre custo fixo e variável) – ver Figuras 3.4 e 3.5. Esta diferença em estrutura de custo significa uma diferença em risco e prioridades.

A empresa B sofre mais quando as vendas caem porque a maior parte dos seus custos é fixa. Em períodos de economia aquecida, isso se torna uma vantagem na medida em que as vendas extra se transformam em muito mais contribuição extra, e consequentemente lucro.

Você não pode dizer que uma das empresas é mais arriscada do que a outra. A empresa B corre mais risco com mudanças no volume de vendas, mas a empresa A corre risco com mudanças na margem. Se os preços de venda diminuem ligeiramente para a empresa A, a maior parte dos seus lucros desaparece. A empresa B tem muito mais flexibilidade com seu preço. Se os volumes de vendas estão baixos, então a empresa pode descontar preços consideravelmente e ainda assim fazer uma contribuição. Infelizmente, isso pode ser verdade para seus competidores também e uma guerra de preços poderia facilmente resultar disto.

A prioridade para a empresa A é concentrar-se em manter margens e taxas de contribuição; o principal foco para a empresa B deveria ser o gerenciamento de custos fixos e volumes. Quando você está produzindo o seu orçamento, é uma boa ideia identificar os números-chave e fatores que você precisa se concentrar a fim de atingir o melhor desempenho. A sua empresa é uma empresa do tipo A ou do tipo B? Como isto afetará o modo que você produz os seus orçamentos?

Exercício

Analise a lista de empresas a seguir. Tente identificar quais são mais como a empresa A, com uma taxa baixa de contribuição e baixos custos fixos, e quais são mais como a empresa B, com uma alta taxa de contribuição e uma alta proporção de custos fixos. A sua resposta dependerá em parte da escala de tempo em que você considera os custos. Pode ser argumentado que para a maioria dos negócios, a um prazo muito longo, todos seus custos são variáveis e que a um prazo muito curto, muitos dos seus custos são fixos.

As respostas são dadas na página 100, portanto não vire a página até você ter tentado o exercício.

Tabela 3.12
Empresa A ou B?

	A	B
Empresa A Baixa taxa de contribuição Alta percentagem de custos variáveis	✓	
Empresa B Alta taxa de contribuição Alta percentagem de custos fixos		✓
1. Cadeia de hotéis		
2. Companhia aérea		
3. Agência de viagens		
4. Supermercado		
5. Fabricante de motores		
6. Telefonia móvel		
7. Empresa de aluguel de carros		
8. Usina de energia (gás natural)		
9. Usina de energia (nuclear)		
10. Consultores de administração		
11. Empresa de treinamento		
12. **Sua organização**		

Tabela 3.13
Empresa A ou B? Resposta

	A	B
Empresa A Baixa taxa de contribuição Alta percentagem de custos variáveis	✓	
Empresa B Alta taxa de contribuição Alta percentagem de custos fixos		✓
1. Cadeia de hotéis		✓
2. Companhia aérea		✓
3. Agência de viagens	✓	
4. Supermercado	✓	
5. Fabricante de motores	✓	
6. Telefonia móvel		✓
7. Empresa de aluguel de carros		✓
8. Usina de energia (gás natural)	✓	
9. Usina de energia (nuclear)		✓
10. Consultores de administração		✓
11. Empresa de treinamento	✓	✓
12. **Sua organização**		

Tabela 3.14
Retorno

1. Cadeia de hotéis	Os principais custos do hotel serão o custo de pessoal e o custo do prédio do hotel e sua depreciação resultante: esses custos são em grande parte fixos. Tempos atrás, se você chegasse em um hotel com quartos não vendidos à noite, você podia negociar um desconto na tarifa de quarto do hotel. O desenvolvimento da reserva via internet acabou em grande parte com essa oportunidade. Sites como LateRooms.com vendem noites de quartos de hotéis não vendidos a preços mais baratos. O hotel poderia descontar as tarifas até os seus custos variáveis e ainda fazer uma contribuição. Considere um hotel cobrando £ 120 por noite. O custo variável de manutenção daquele quarto de hotel poderia ser apenas £ 20. Se o hotel fizer um desconto para apenas £ 60, ele ainda faz uma contribuição de £40 que de outra maneira ele não teria recebido.
2. Companhia aérea	Os principais custos para a companhia aérea serão a tripulação, a aeronave e o combustível da aeronave. Esses custos serão em grande parte fixos. Talvez ocorra um pequeno aumento na quantidade de combustível usada com mais passageiros, mas provavelmente a maior parte do combustível será usada para erguer o peso do avião. Em anos recentes, as novas companhias aéreas mais bem-sucedidas são as companhias aéreas de baixo custo. Essas companhias aéreas são em grande parte cópias da companhia norte-americana Southwest Airlines e o seu sucesso pode ser devido a três fatores: a Southwest Airlines analisou os seus serviços e identificou o que os clientes queriam de um voo curto; ela eliminou custos que não agregavam valor aos clientes; a Southwest Airlines também motiva bem o seu pessoal. O sucesso chave relacionado à estrutura de custo é o reconhecimento que a lucratividade de uma companhia aérea é em grande parte devido à maximização do número de voos e aeronaves que podem ser usadas a cada dia, e à maximização dos fatores de carga, ou quão cheias estão as aeronaves. Uma das companhias aéreas mais eficientes em termos de custos no mundo é a irlandesa Ryanair. A eficiência de custo da empresa é um resultado direto dos seus fatores de carga muito altos.

3. Agência de viagens	Uma agência de viagens compra voos e hospedagem, e esses custos podem ser vistos como custos variáveis. Ela compra apenas os voos e hospedagem que ela precisa para os feriados vendidos. Entretanto, a agência de viagens pode precisar comprar alguns desses voos e hospedagens com antecedência. No prazo bem curto, muitos dos custos da agência de viagens podem ser considerados fixos. Isto explicaria a prática de negociação de preços e feriados de disponibilidade tardia. Muitas agências de viagens importantes também operam suas próprias companhias aéreas; entretanto, elas precisarão ser cuidadosas para assegurar que estabeleçam sua capacidade em um nível que elas possam atender com segurança. Elas contratarão outras companhias aéreas nas margens do seu negócio, e ao fazer isso, pagarão uma tarifa mais alta para os voos, mas o risco de ter capacidade subutilizada será eliminado.
4. Supermercado	Quando as pessoas pensam a respeito dos custos de administrar um supermercado, elas seguidamente concentram-se no custo das lojas. Os custos de construir e operar as lojas são bem pequenos em comparação com o custo das mercadorias que o supermercado vende. A chave para se administrar um supermercado lucrativo é administrar as margens. Em um hotel não seria excepcional negociar um desconto de 50% na conta do hotel, mas haveria uma chance muito pequena de negociar um desconto de 50% na sua conta semanal de compras de supermercado. Considere um supermercado vendendo uma lata de feijão por 30 centavos. Presumindo que ele esteja vendendo milhões de latas de feijão, se ele puder aumentar o preço de venda ligeiramente ou reduzir o preço de compra ligeiramente, isto terá um impacto enorme no seu lucro global. Compradores de supermercado são conhecidos por serem negociadores duros!
5. Fabricante de motores	Assim como com o supermercado, quando as pessoas pensam em fabricantes de motores, elas frequentemente pensam a respeito de seus custos para suas fábricas. Tipicamente, a maior parte do carro (talvez 70% do custo) seja composta de materiais e componentes comprados. Como o supermercado, o fabricante de motores tem de controlar cuidadosamente seus preços de vendas e custos variáveis. Fornecedores são constantemente desafiados a encontrar reduções de custos. Fabricantes de motores sabem o custo de produzir um carro até o último centavo, e se eles puderem fazer uma pequena economia em cada carro, eles farão.

6. Telefonia móvel	Uma empresa de telefonia móvel tem um investimento maciço em sua infraestrutura, em muitos casos em licenças 3G caras e no futuro 4G. Os custos variáveis incorridos para a operadora de rede quando você faz uma chamada no seu telefone celular são geralmente muito pequenos. Operadoras de redes móveis querem maximizar a receita de suas redes de maneira que grandes clientes possam negociar descontos maciços ao garantir volumes maciços.
7. Empresa de aluguel de carros	Os principais custos de uma empresa de aluguel de carros são os custos dos seus carros e pessoal, ambos os quais são ligeiramente fixos. A chave para o sucesso dentro de um negócio de aluguel de carros é casar a capacidade com a demanda: carros não alugados depreciam do mesmo jeito e continuam precisando ser financiados.
8. Usina de energia (gás natural)	Uma usina de energia nova pode custar várias centenas de milhões de libras para ser construída. O principal custo para operar a usina não é a depreciação ou seu custo de capital, mas o custo do gás natural. Os custos do gás natural são um custo variável na medida em que quanto mais energia a usina gerar, mais gás ela queimará. Os principais riscos na operação de uma usina de energia a gás natural são os riscos de que os preços da eletricidade caiam e os preços do gás subam. Operadores dessas usinas geralmente precisam fazer um "hedge" ou estabelecer os preços do gás e os preços de venda da eletricidade a fim de garantir a lucratividade da usina.
9. Usina de energia (nuclear)	Uma usina de energia nuclear é uma empresa muito intensiva em capital. A usina de energia nuclear mais recente no Reino Unido (Sizewell B) custou £ 2,4 bilhões para ser construída. Além dos custos de capital, há também os custos de combustível, de reprocessamento do combustível e descomissionamento da usina, e muitos desses custos são relativamente fixos. A fim de maximizar a lucratividade da usina, o operador precisa maximizar a produção da mesma minimizando os dias de interrupção da produção (dias parados) ou qualquer fator que reduza a capacidade de geração de energia.
10. Consultoria	Os principais custos para uma empresa de consultoria são os salários dos próprios consultores. Assim como com escritórios de contadores e advogados, consultorias são obcecadas com a utilização do seu pessoal. Elas registram o tempo do seu pessoal e tentam maximizar as horas faturáveis. Uma consultoria pode mudar sua estrutura de custo terceirizando seu trabalho e apenas contratando consultores quando ela tem projetos.

11. Empresa de treinamento	A maioria das empresas de treinamento opera com equipes de sócios ou subcontratantes: quando contratadas, elas cobram as horas exigidas para entregar o trabalho. Se elas operam com esse modelo, elas são a empresas do tipo A – a maioria dos seus custos é variável. Algumas empresas de treinamento operarão com sua própria equipe de treinadores de pessoal. Empresas de treinamento usando esse modelo seriam empresas do tipo B – com a maior parte dos seus custos sendo os custos fixos dos seus empregados.
12. Sua organização	Ao compreender se a sua organização é uma empresa do tipo A ou do tipo B, é importante entender quais são os fatores mais cruciais a serem planejados, gerenciados e orçados. Se você é uma empresa do tipo A, você precisa se concentrar nos seus custos variáveis e taxas de contribuição. Se você é uma empresa do tipo B, você precisa se concentrar nos seus volumes de vendas, utilização e custos fixos. Se você está tendo dificuldade em decidir qual é a estrutura de custo da sua empresa, pergunte a você mesmo algumas questões simples. Quais são nossos custos totais e qual proporção é de custos fixos ou variáveis? Qual é a nossa taxa de contribuição – qual é a diferença entre nosso preço de venda e nosso custo marginal?

Planejamento de despesas de capital

Despesas de capital dizem respeito a gastar dinheiro em ativos de longo prazo. Ativos de longo prazo podem ser coisas como a planta, máquinas e equipamentos. Despesas de capital também podem dizer respeito ao desenvolvimento de produtos e marcas que proporcionam um retorno a longo prazo. O termo normalmente significa gastar dinheiro hoje a fim de ganhar mais dinheiro amanhã.

Planos para despesas de capital têm de levar em consideração quão limitado é o dinheiro hoje, assim como o "valor do dinheiro no tempo" (ver Capítulo 6). A construção de um plano de despesas de capital exige que produzamos um modelo dos fluxos de caixa associados com nossos projetos. Mais detalhes da elaboração de orçamentos de capital são cobertos no Capítulo 6.

4

Como o orçamento deve ser elaborado?

Existem diferentes abordagens para a elaboração de orçamentos. As três mais reconhecidas são conhecidas como orçamento incremental, orçamento base zero e orçamento baseado em atividades.

O que significa cada abordagem? Qual é a melhor? Como você faz para coletar informações e elaborar orçamento? Como você se torna melhor na realização de previsões de custos e receitas? Como você pode trabalhar com o seu departamento financeiro para tornar as coisas melhores?

Introdução

Antes de elaborarmos orçamentos, é importante ter definições claras a respeito da política, objetivos e estratégias da nossa empresa. Nós precisamos saber para onde estamos indo e o que é importante para a organização. Algumas das informações fundamentais serão normalmente descritas nas declarações de valores, missão e visão da organização.

Os objetivos fundamentais dentro da organização também podem ser mais enfatizados ainda dentro de um *balanced scorecard* (ver Capítulo 9 para mais detalhes) ou algo similar. Antes de começarmos a trabalhar em nossos orçamentos, assegure-se que você saiba quais são os objetivos e prioridades da sua organização.

Elaborando orçamentos

Existem muitas abordagens diferentes para se elaborar um orçamento. Algumas abordagens são simples, mas falhas; outras são amplas, mas complexas. Enquanto estas possam ser consideradas "a solução de manual", elas são frequentemente difíceis demais para se usar na prática.

A elaboração de orçamentos na maioria das organizações leva muito tempo. De acordo com um estudo feito pelo Hackett Group em 2008[1], 73% de grandes empresas levam mais de três meses para produzir seus orçamentos. Isso significa que o orçamento já está três meses desatualizado quando o ano começa.

Diretores financeiros na maioria das organizações acreditam que o processo de elaboração do orçamento leva tempo demais e consome recursos demais. O montante de tempo e recursos que podem ser justificadamente investidos na elaboração de projetos depende de quanto benefício a atividade proporciona. Gastar tempo e recursos para elaborar um orçamento pode resultar em economias e benefícios de longo prazo.

Estudos realizados pelo Hackett Group em 2011[2] identificaram algumas praticas que podem reduzir o montante de tempo e recursos necessários para produzir o orçamento. Existem medidas simples que podem ser tomadas para reduzir o montante de trabalho na preparação do orçamento, como reduzir detalhes desnecessários ao se ter muitas linhas de orçamento ou centros de custo. Nós examinaremos mais proximamente essas questões dentro de diferentes abordagens para a elaboração de orçamentos.

Abordagens de elaboração de orçamentos diferentes

As três principais abordagens reconhecidas para a elaboração de um orçamento são:

- Orçamento incremental
- Orçamento base zero (desenvolvido nos anos de 1970)
- Orçamento baseado em atividades (desenvolvido nos anos de 1990).

Orçamento incremental

O orçamento incremental é a abordagem simples para a elaboração de um orçamento. Você começa o seu orçamento com o que você fez ano passa-

---

[1] *Enterprise Performance Management Research Series,* The Hackett Group, 2008-2011.
[2] *Enterprise Performance Management Research Series,* The Hackett Group, 2008-2011.

do e o retifica para as mudanças que você espera para este ano. Administradores gostam desta abordagem porque ela é rápida e fácil. Entretanto, pode ser que a carga de trabalho ou atividade do ano que passou seja na realidade bastante diferente da realidade que a empresa vive este ano.

Organizações frequentemente são criticadas por sua pressa em gastar dinheiro ao final do ano financeiro. Talvez você tenha testemunhado isso em sua própria organização ou em organizações com as quais você trabalha. O principal fator impelindo essa pressa em utilizar os orçamentos completamente é o de que muitos administradores acreditam que seus orçamentos serão cortados se eles não os gastarem – "use-o ou perca-o" é a mensagem. Isso é mais provável que seja verdade se a organização opera um sistema de orçamento incremental. Correr para esgotar orçamentos invariavelmente significa que o orçamento não está sendo usado tão bem quanto ele deveria.

Como os orçamentos não são baseados em planos, é mais provável que os administradores segurem parte do seu orçamento como uma contingência até o fim do ano. Ao fazer isso, eles novamente distorcem os padrões de despesas e encorajam uma corrida de fim de ano para esgotar o orçamento. As despesas de um orçamento podem ser retratadas às vezes como um gráfico na forma de um "taco de hóquei" – despesas uniformes durante o ano subindo abruptamente no final do ano.

O orçamento incremental pode promover a "inércia de orçamento". Isso surge quando o orçamento justifica despesas e as pessoas não questionam como o orçamento original foi elaborado.

Erros no orçamento incremental

Exemplo 1

Ano passado, um gerente de treinamento gastou £ 100.000 em cursos de treinamento externo e consultorias. Este ano, os números de pessoal aumentaram em 10%, de maneira que ele apresenta um orçamento de £ 110.000. (Isso é o mesmo que o ano passado mais 10% extra para cobrir o pessoal a mais.)

O que ele não levou em consideração é que ano passado a empresa se viu diante de uma legislação nova e mudanças em software, o que significou que um treinamento extra significativo foi necessário. Este ano não há a mesma exigência porque a maioria das pessoas já está treinada. O orçamento deste ano deve ser baseado em um plano de treinamento totalmente orçado que considere as necessidades reais.

Exemplo 2

O gerente de uma unidade estima o orçamento para a manutenção do prédio analisando as despesas do ano anterior. O que ele não percebe é o fato de que um contrato novo com um fornecedor diferente foi concedido, e que um programa de manutenção diferente foi planejado para o ano.

Exemplo 3

Uma empresa calcula um orçamento para armazenar documentos de arquivo com uma empresa de fora. Ela analisa os valores cobrados e estima que eles sejam similares aos do ano passado, com base no mesmo número de documentos sendo armazenados. O que ela precisa levar em consideração é que a exigência legal para armazenar alguns dos documentos de arquivo expirou a esta altura. Entretanto, como as taxas de armazenagem estão "no orçamento", ninguém questiona o fato e documentos que não precisariam ser armazenados o são. Este é um exemplo clássico da inércia de orçamento. Veja se você consegue identificar alguma inércia de orçamento na sua organização. Existem economias fáceis que você poderia realizar?

Orçamento base zero

O orçamento base zero significa começar o orçamento do zero. Toda linha e cada custo têm de ser justificados novamente. A abordagem do orçamento base zero foi desenvolvida nos anos de 1970 e promovida pelo presidente Carter em conexão com despesas do governo federal norte-americano.

Elaborar um orçamento do zero significa que todos os custos devem ser analisados e questionados. A fim de realizar este exercício inteiramente você precisa de um montante considerável de tempo e recursos. Isso é difícil quando a maioria das organizações acredita que elas já gastaram tempo e dinheiro demais na elaboração do orçamento. Mesmo com uma abordagem de orçamento base zero, os administradores elaborando o orçamento podem ser tentados a basear parte das suas estimativas de custos em anos anteriores.

Um meio-termo talvez seja completar os orçamentos em uma base incremental (como nos exemplos anteriores), e então periodicamente analisar os orçamentos em uma base de custo zero de verdade, o que exige que administradores em departamentos selecionados reconstruam seus orçamentos do zero. É mais comum que alguns orçamentos sejam concluídos em base zero. Projetos pontuais, por exemplo, os quais por sua natureza individual têm mais chance de serem elaborados a partir do zero, pois não foram estabelecidos antes.

Orçamento baseado em atividades

Como já foi mencionado, o custeio baseado em atividades (ABC) foi desenvolvido e promovido pelo professor Robert Kaplan (da Harvard Business School) nos anos de 1980. Trata-se de uma abordagem que produz custeios mais sistemáticos baseados em atividades.

Esta abordagem baseada em atividades foi estendida aos orçamentos nos anos de 1990 (daí orçamentos baseados em atividades) com os orçamentos sendo baseados em atividades planejadas, que são então convertidos em orçamentos baseados em custos, em um modelo de custos de atividades. Poucas empresas adotaram o custeio baseado em atividades, de maneira que apenas uma pequena minoria teria os dados para verdadeiramente produzir seus orçamentos nesta base.

Apesar da falta de dados, a terminologia e os conceitos do orçamento baseado em atividades ainda poderiam ser usados para ajudar os administradores a pensar diferentemente e promover a ideia de que orçamentos não são distribuições de fundos, e sim planos para atividades que serão realizadas.

Administradores podem ser encorajados a pensar a respeito de seus orçamentos fundamentalmente em termos de atividades. Quais atividades eles estão planejando realizar no ano que vem? Quanto custam essas atividades? Se há fundos insuficientes para todas as atividades que eles estão planejando fazer, eles podem então tentar encontrar maneiras mais baratas de realizar todas as atividades. Alternativamente, eles poderiam tentar identificar as atividades que poderiam ser cortadas. A fim de cortar atividades, eles precisam priorizá-las e ponderar quais delas têm menos chance de afetar a realização dos objetivos da organização.

Geralmente, orçamentos são baseados em torno de departamentos e funções (conhecidos como orçamentos funcionais). Uma abordagem "verdadeira" de orçamento baseada em atividades concentra-se não nos departamentos, mas nas atividades dentro do negócio – esses orçamentos desconsiderariam os limites dos departamentos. Poucos sistemas de grandes organizações seriam capazes de lidar com essa abordagem.

Na maioria das organizações, a abordagem de elaboração de orçamentos tem de casar com um sistema de custos departamentais e responsabilidade em relação às receitas. Mesmo dentro do enquadramento de um orçamento baseado em departamentos ou com uma base funcional, é possível encorajar os administradores a pensar no seu orçamento mais em termos de atividades distintas.

Os administradores não gerenciam custos, eles gerenciam atividades – cortar custos significa realizar menos atividades ou encontrar maneiras mais fáceis de realizar as atividades. Essa ideia também ajuda a nos afastarmos de um pensamento puramente em termos de custos e insumos para um pensamento que diga mais a respeito a atividades, produções e resultados (i.e., o que as nossas despesas proporcionam).

Exemplo: as vantagens de nos concentrarmos nas atividades em vez de nos custos

Quando os tempos estão difíceis e economias precisam ser feitas, pode ser muito tentador cortar uma porcentagem do orçamento de todos. Um exemplo poderia ser dizer que todos os orçamentos serão cortados em 5%, ou que pode haver um congelamento na contratação de pessoal novo ou um congelamento das horas-extras. Todas essas economias são arbitrárias e, embora elas possam parecer "mais justas", elas não levam em consideração os melhores interesses da organização como um todo.

Cortar um departamento em 5% pode afetar a organização inteira de maneira muito ruim, enquanto que outro departamento em 10% pode ter comparativamente pouco impacto. Em vez de cortar orçamentos, as organizações devem buscar economizar cortando atividades. As atividades que devem ser cortadas são aquelas atividades que menos contribuem na conquista dos objetivos da organização.

Se um orçamento for elaborado com base em um plano de atividades priorizadas, talvez seja mais fácil justificarmos e identificarmos economias em potencial (se elas forem necessárias) através do corte de atividades.

Exercício

O seu próprio orçamento é provavelmente expresso em termos de linhas de despesas ou por código de conta. Pegue o seu orçamento e tente visualizá-lo em vez disso como estando disponível para realizar várias atividades.

1 Se o seu orçamento foi cortado, quais atividades você poderia cortar?

2 Quanto poderia ser poupado cortando essas atividades e qual seria o impacto sobre a sua organização?

Orçamentos devem ser elaborados de cima para baixo ou de baixo para cima?

Orçamentos podem ser elaborados da parte de baixo da organização para cima, com cada chefia de departamento individual apresentando os seus próprios planos orçados. Essa abordagem assegura um alto nível de compromisso com os números do orçamento. Apesar disso funcionar para os departamentos individuais, quando todos os planos para todos os departamentos são colocados juntos, o resultado provável talvez não atenda os objetivos globais da empresa. Portanto, orçamentos precisam receber alguma contribuição de cima para baixo (da alta administração) também.

Orçamentos de cima para baixo são vistos como orçamentos que são impostos pela alta administração dentro da organização (ou seja, de cima). Isso pode parecer muito prescritivo, mas a contribuição de cima para baixo não precisa necessariamente descrever o orçamento em detalhes. Administradores seniores podem usá-lo para proporcionar aos gerentes de departamentos alguma orientação sobre objetivos e metas. A exigência então para os gerentes de departamentos é produzir planos que se encaixem dentro destas restrições.

Uma pesquisa realizada pelo Hackett Group[3] investigou as práticas de elaboração de orçamentos de empresas bem-sucedidas. Ela descobriu que empresas que utilizaram uma abordagem predominantemente de cima para baixo foram capazes de produzir seus orçamentos muito mais rapidamente. Orçamentos de cima para baixo tendem a começar com a estratégia e os objetivos da organização, enquanto orçamentos de baixo para cima podem estar focados nos detalhes operacionais e assim perder de vista o quadro maior.

Quão detalhado?

As pessoas frequentemente presumem que orçamentos baseados em planos devem ser compilados de uma maneira consideravelmente detalhada. Com muito esforço, você poderia identificar um modelo que cobrisse todos os custos detalhadamente, mas isso nem sempre é necessário e grande parte desse detalhamento e esforço pode ser redundante. Se o detalhamento no orçamento for reduzido, então o mesmo pode ser produzido mais rapidamente e com menos recursos.

---

[3] *Enterprise Performance Management Research Series,* The Hackett Group, 2008-2011.

Exemplo

Medidas de simplificação incluem:

- Linhas do orçamento menores, menos significativas poderiam ser consolidadas em um número menor de linhas.

- Concentre-se em orçar com o máximo de detalhes custos maiores e mais importantes. Tente aplicar a "regra 80/20" – talvez uma pequena proporção das rubricas do orçamento para a maioria das despesas do seu centro de custo ou departamento.

- Em vez de elaborar um orçamento para os custos de folha de pagamento de cada empregado, calcule o custo médio por empregado e faça um orçamento para um número total baseado no número de empregados multiplicado pelo custo médio.

A simplificação do orçamento não acontece por obra do acaso. Use o exercício a seguir para dar alguns passos ativos a fim de realizar uma melhoria no seu orçamento hoje.

Exercício

1. Analise os seus próprios orçamentos.
2. Você pode trabalhar com os seus contadores para fundir algumas das linhas do seu orçamento?
3. Você já tentou trabalhar qualquer um dos seus custos de maneira detalhada demais?
4. A sua organização conseguiria reduzir o número de centros de custo?

Orçamentos fixos *vs.* flexíveis

Nós podemos estabelecer um orçamento como um número fixo para um volume orçado, mas variâncias surgirão se os volumes de vendas forem diferentes. Portanto, talvez seja melhor operar com orçamentos flexíveis. Um orçamento flexível se ajusta às mudanças em volume. Nós ainda precisamos explicar as variâncias que surgem de mudanças em volume, mas ele torna a análise de nossos custos muito mais fácil.

Orçamentos autoajustáveis e redistribuição automática para orçamentos

Um de nossos clientes, uma agência de viagens, projetou um mecanismo inteligente para "autoajustar" os orçamentos de *resorts* administrados localmente por um gerente. Os gerentes de *resorts* recebem uma receita especulativa que atende aos seus custos orçados totais para o *resort*. A receita é relacionada então aos volumes de vendas orçados (pessoas fazendo reservas para os feriados). Se os volumes de vendas aumentam, a receita especulativa aumenta e, portanto, os gerentes dos *resorts* gastam mais para fornecer seu serviço aos clientes. Se os volumes caem, então a receita cai, e os centros de custo precisam encontrar economias a fim de cumprir seus orçamentos.

Esse mecanismo inteligente redistribui automaticamente os recursos para atender à demanda e concede aos gerentes mais recursos para prestar o serviço, no entanto, exige que eles façam economias quando a demanda cair. Os gerentes não precisam gastar o orçamento aumentado: eles podem poupar parte dele e fornecer um lucro especulativo contra o seu orçamento. Isso não tem problema, desde que ainda realizem todos os seus indicadores-chave de desempenho (KPIs) de serviço ao cliente.

Você conseguiria desenvolver um mecanismo autoajustável similar na sua organização?

Orçamentos orientados por comparação externa

Orçamentos tendem a ser focados nos custos e dizer mais respeito aos insumos do que aos resultados. Idealmente, os orçamentos incorporarão os KPIs. Há um movimento crescente que sugere que as medidas de desempenho devem ser relacionadas mais em torno de comparações externas do que um orçamento gerado internamente.

Por exemplo, em vez de estabelecer um orçamento baseado em um custo total para um departamento, ele poderia ser expresso em termos de uma medida de desempenho relativa como os custos unitários mais baixos em comparação com empresas no mesmo segmento. Entre os defensores em particular das metas de desempenho relativas externas estão Jack Welch, ex-CEO da GE, e o "movimento além do orçamento" (ver Capítulo 11).

VFM, orçamentos orientados por resultados e baseados em evidências

Orçamentos de custos deveriam dizer respeito à produção e aos resultados proporcionados. Idealmente, orçamentos deveriam ser baseados não somente no que você gasta, mas também no que você proporciona. Essa abordagem foi desenvolvida no setor público do Reino Unido e é conhecida como "valor por dinheiro" (VFM – *value for money*). A produção e os resultados apresentados devem ser provados com algumas evidências. Se você está defendendo um orçamento, faz sentido justificar o seu orçamento em termos do que ele proporcionará. Se você puder demonstrar uma melhor probabilidade de proporcionar os resultados que você almeja com evidências bem fundamentadas, a sua defesa será muito mais forte. Realizar a diferenciação entre produção e resultados pode ser desafiador – a produção é o que você produz, o resultado é a consequência do que você produz.

A principal falha na abordagem VFM é a de que quantificar resultados é difícil. Em alguns casos, isso pode ser impossível na medida em que os resultados são expressos somente em termos qualitativos. Lembre-se que as medidas de resultados devem ser relacionadas aos objetivos de um departamento ou de uma organização.

Exemplo 1

Um orçamento de treinamento não deve ser baseado em uma alocação por empregado ou mesmo um montante para proporcionar um número determinado de dias de treinamento. Deve ser um plano para alcançar determinados objetivos e resultados. Um resultado desejado para um treinamento de serviço ao cliente poderia ser um serviço ao cliente melhor resultando em menos reclamações ou mais vendas.

Exemplo 2

Um museu pode julgar o seu desempenho em parte com o número de visitantes que ele recebe (isto poderia ser uma medida de "produção" em vez de resultado). O museu pode ter objetivos em torno da construção e preservação das suas coleções, assim como educar e informar o público. Medidas de resultados se relacionariam diretamente a esses objetivos.

Seguindo cortes do setor público, muitos museus financiados publicamente no Reino Unido tiveram de encontrar maneiras de realizar economias. Essas economias vieram em sua maior parte da redução das horas de visitação. As economias devem ser feitas com um mínimo de impacto sobre a realização dos objetivos da organização. Portanto, através da adoção de economias com o menor impacto sobre os resultados.

O poder das evidências em proteger orçamentos

Se a relação entre despesas e resultados puder ser provada com evidências, defender o orçamento e evitar cortes potenciais futuros tornam-se tarefas mais fáceis. Nós sempre podemos tentar aprender a partir das evidências de outras organizações, particularmente se trabalhamos para uma organização no setor voluntário ou público.

Orçamentos baseados em evidências estão se tornando mais importantes em alguns setores, como o da saúde pública. O acúmulo de vastas quantidades de dados e a análise analítica podem vir a tornar os orçamentos baseados em evidências mais comuns em outras áreas no futuro.

Existe uma citação de marketing atribuída a John Wanamaker (1838 – 1922), um famoso varejista norte-americano: "Metade do dinheiro que eu gasto em propaganda é desperdiçado; o problema é que eu não sei qual metade". A propaganda na internet permite acompanhar as campanhas e potencialmente desperdiçar menos – mas somente se coletarmos e analisarmos os dados (ou evidências).

> **Exercício**
>
> **1** Pense a respeito dos seus próprios orçamentos – você consegue quantificar as produções e os resultados?
>
> **2** Você consegue desenvolver medidas relacionadas aos objetivos do seu departamento ou sua organização?
>
> **3** Você consegue reunir evidências que demonstrem que o seu orçamento está cumprindo o orçado?

Mais detalhes destas ideias e VFM são cobertos no Capítulo 7.

Centros de lucros são, em geral, fundamentalmente medidos em termos de lucro. Pode ser que mesmo centros de lucros tenham outras produções e resultados que eles sejam desafiados a proporcionar. Uma filial de um varejista, por exemplo, pode ser mensurada em termos de sua lucratividade, mas ela talvez também tenha metas de proporcionar determinados níveis de serviços ao cliente e satisfação do mesmo. Na maioria das organizações, administradores têm mais obrigações além do lucro. Estas incluem a manutenção de padrões da marca, satisfação e serviço ao cliente, impactos ambiental, de saúde e segurança.

Boa prática de elaboração de orçamentos e ideias para elaborar um orçamento

1 Coleta de informações

Para elaborar um orçamento, é necessário ter algum processo para coletar informações sobre as atividades planejadas e o custo destas atividades. Faz sentido projetar sistemas que coletem essas informações automaticamente.

O desempenho do ano anterior pode dar a você uma indicação de custos unitários prováveis, assim como o custo de levar adiante diversas atividades. Você deve ter cautela, no entanto, quanto a basear o orçamento deste ano exclusivamente nas despesas do ano passado, pois as atividades e os custos mudam de ano para ano.

Tente compreender a relação entre os custos incorridos e as atividades realizadas. Então pergunte a você mesmo, como essas atividades contribuíram para a organização alcançar os seus objetivos? Reúna evidências de que as suas despesas estejam proporcionando os resultados esperados ou que eles estejam proporcionando VFM.

2 Comece com o seu plano

Se o orçamento é fundamentalmente um plano, então nós precisamos começar a elaborar o nosso orçamento de acordo com um plano do que nós vamos fazer e quando durante o ano.

3 Identifique os recursos que você precisa para realizar o seu plano

Defina os recursos que você precisa para realizar o seu plano em termos de quantas pessoas e quanto tempo ele levará.

4 Baseie-se em atividades

Trata-se de uma qualidade fundamental de um bom plano e orçamento que ele seja elaborado a partir de atividades. Isto significa identificar quais serão as atividades no exercício orçamentário e então avaliar quais recursos serão necessários para desempenhar estas atividades.

No seu orçamento talvez você esteja fazendo estimativas a respeito do nível de atividade e quantos recursos cada atividade exige. Você deve ser capaz de justificar e preferivelmente documentar suas previsões. Será em referência a essas previsões que você poderá explicar quaisquer variâncias do orçamento posteriormente.

Para completar um orçamento em uma base de custos de atividades de verdade, você precisaria de um plano detalhado de atividades e detalhes do que as atividades custam para desempenhar. O custeio baseado em atividades foi adotado somente em um número muito pequeno de organizações, de maneira que não é provável que esta informação esteja prontamente à mão.

5 Priorizar atividades

Em condições de recursos limitados, as atividades terão de ser priorizadas para assegurar que as atividades mais importantes sejam desempenhadas. Você deve realizar uma lista das suas atividades planejadas em uma ordem de prioridades. Caso você tenha de cortar o seu orçamento, você terá de cancelar as atividades de prioridade mais baixa. Você também pode elaborar sua lista de atividades para levar em consideração o que você pode fazer se recursos extras forem dados para você durante o ano.

6 Coordenação e comunicação

É realmente importante assegurar que o orçamento seja coordenado com os outros departamentos com os quais você trabalha. A comunicação com esses outros departamentos não ajudará apenas a coordenação, como também pode reduzir a duplicação do trabalho.

7 Envolvendo pessoas e comprometimento

As pessoas geralmente estarão mais comprometidas com um orçamento se elas tiverem algum envolvimento na sua construção. É melhor dar aos administradores instruções claras sobre restrições e objetivos para reduzir o desperdício de esforços e desapontamento em potencial quando os orçamentos forem finalizados. Isso significa começar o processo de elaboração do orçamento com uma abordagem "de cima para baixo", com uma orientação clara da alta administração.

8 Realista, mas desafiador

Um orçamento é um plano. Apresentar um orçamento excessivamente ambicioso pode ter efeitos adversos se ele não for cumprido. Ele precisa ser realista. O orçamento pode funcionar também como uma meta e consequentemente deve apresentar também um desafio (realizável).

9 Consistência de estimativas

Todas as suas estimativas de orçamentos devem ser consistentes. Estimativas que afetam toda a organização também devem ser consistentes através da organização. Tente documentar as suas estimativas. Isso vai facilitar quando você estiver explicando variações de orçamento enquanto gerencia o mesmo. Investir tempo para elaborar um bom orçamento torna o gerenciamento mais fácil.

10 Desenvolver e promover modelos de orçamentos

Use ou crie modelos padrão de orçamento, normalmente na forma de uma planilha Excel. Isso ajudará você a se lembrar dos custos e a realizar os cálculos. Elaborar modelos padrão para serem usados através da organização auxilia na consolidação. Desencoraje as pessoas a elaborar seus próprios modelos, pois isso pode levar à confusão e erros. Proteja células na planilha que contenham fórmulas e números "dados".

11 Demonstrar que você pensou a respeito dos seus custos e estimativas

Explique os seus números – especialmente quando há uma grande variação dos anos anteriores. Considere acrescentar notas explicativas extras ao modelo do orçamento. Isso ajudará a pessoa que o estiver analisando a compreender o seu pensamento. Talvez você precise justificar os números do seu orçamento; de maneira que faz sentido preparar-se para essa justificativa quando você estiver elaborando o seu orçamento.

> **Dicas**
> - Quanto mais significativos os detalhes, melhor.
> - Acrescente mais detalhes sobre grandes mudanças do ano passado.
> - Acrescente mais detalhes para números maiores!
> - Tente desafiar os seus próprios números e previsões.
> - Prepare-se para ser desafiado por outros. Declare suas previsões: qual é a base para os seus números? (Coloque-se no lugar da pessoa que estiver analisando o orçamento!).
> - Identifique os números e previsões que você acredita serem as mais importantes.

12 Envolvimento

Envolva pessoas-chave que tenham conhecimento no assunto e que lhe ajudarão a apresentar os números.

13 Dados comuns

Utilize dados, previsões e cálculos comuns. Não recalcule números que já tenham sido calculados em outro lugar na organização. Compartilhe as suas experiências com outros gerentes. Isso evitará que as mesmas discussões e cálculos sejam feitos várias vezes.

14 Mentalidade poupadora

Busque por razões para gastar menos dinheiro com a mesma intensidade que você procura por razões para gastar mais!

15 Distribuindo

Tente distribuir o seu orçamento com precisão ao longo do ano. É importante evitar simplesmente dividir um número anual por 12, a não ser que isso seja genuinamente apropriado. Uma distribuição mal feita resultará em variações que talvez você tenha de explicar todos os meses.

16 Seja consistente em relação aos objetivos organizacionais e departamentais

Lembre-se que o seu orçamento (ou plano) é parte do orçamento global para o seu departamento e, em última análise, para a organização. Portanto, ele precisa ser consistente tanto em relação aos objetivos do departamento quanto da organização.

17 Planeje antecipadamente e dê um tempo para completar o orçamento

Nós frequentemente vemos administradores pressionados pelo calendário quando vão elaborar o orçamento. Ao estabelecermos procedimentos antecipadamente para coletar informações, a pressão pode ser reduzida. Talvez você se lembre do estudo do Hackett Group de 2008 que sugeriu que o tempo para elaborar um orçamento normalmente é reduzido se uma organização opera um sistema de previsões contínuas.

Agora tente um exercício de revisão pessoal sobre a elaboração de um orçamento.

Exercício

1 Pense a respeito dos seus próprios orçamentos – você consegue quantificar as produções e os resultados?

2 Você consegue desenvolver medidas relacionadas aos objetivos do seu departamento ou sua organização?

3 Você consegue reunir evidências que demonstrem que o seu orçamento está cumprindo o orçado?

Exercício

Restrições

- Quais são as restrições importantes no seu orçamento?
- Como você as gerencia?
- Qual função impele o seu orçamento (por exemplo, produção, vendas, finanças?)

Análise de sensibilidade ("E se")

- Quais são as variáveis-chave no seu orçamento?
- Como você elabora um modelo delas?

Gerenciando risco e incerteza

- Quais são os maiores riscos no seu orçamento?
- Como você poderia representá-los em um orçamento?

Projetando e estabelecendo medidas de desempenho e KPIs

- Como você relaciona KPIs a orçamentos?

Estratégia e orçamentos

- Como você realiza um elo entre o seu orçamento e a estratégia?

Estabelecendo orçamentos para contingências

Estabelecer orçamentos para contingências é difícil e pode encorajar potencialmente despesas adicionais desnecessárias. Isso ocorre porque orçamentos de contingência podem ser desviados para outros usos na medida em que orçamentos frequentemente existem apenas para justificar o orçamento do ano seguinte.

Se as contingências forem incorporadas nos orçamentos, elas devem ser elaboradas e justificadas de acordo com experiências passadas, ou baseadas em alguma outra evidência de que elas são necessárias. Contingências precisam ser gerenciadas – elas devem estar ali para cobrir eventos ou situações específicas. Se estas deixarem de materializar-se, o dinheiro não deve ser gasto. Seria melhor tentar evitar contingências, mas ter a flexibilidade dentro do orçamento que permita que os administradores peçam fundos extra da organização para eventos imprevistos.

Nós trabalhamos com organizações que estabeleceram orçamentos de contingência baseados em valores esperados. O valor esperado é o custo de um evento multiplicado por sua lucratividade. Isto é ilustrado no exemplo a seguir.

Exemplo

As chances de máquinas quebrarem e seus custos de reparo são dados a seguir:

Tabela 4.1

Evento (quebra) E	Probabilidade P	Custo (£) C	Valor esperado (custo) P x C
Máquina A	0,6	10.000	6.000
Máquina B	0,3	2.000	600
Máquina C	0,4	1.000	400
Máquina D	0,2	3.000	600
Contingência total			7.600

A contingência poderia ser estabelecida em £ 7.600, mas isso não seria suficiente para cobrir a quebra da máquina A, que tem uma alta probabilidade de quebrar – uma chance de 60%. Uma contingência mais prática seria de £ 10.000, que seria então reduzida à medida que a chance do evento ocorrer passasse. Os administradores devem ser julgados sobre como eles gerenciam o custo do evento se ele ocorre e sobre as medidas que eles tomaram para reduzir sua probabilidade ou impacto.

O processo de desafio

Orçamentos frequentemente exigem alguma forma de processo de desafio interno para encorajar os administradores a pensar sobre melhorar o seu desempenho e pensar diferentemente a respeito de como eles fazem as coisas. É o trabalho do revisor do orçamento desafiar estes custos e previsões. Administradores devem estar preparados para esse desafio e serem capazes de justificar seus números com um caso robusto. Esse processo de desafio não precisa ter (e não deve ter) um caráter antagônico, com os administradores "lutando" por orçamentos.

Administradores frequentemente relutam em ver seus orçamentos serem cortados. Um orçamento menor pode significar menos status ou eles podem acreditar que ele tornará o seu trabalho mais difícil. Administradores devem buscar uma melhoria contínua. Em vez de lutar para manter seus orçamentos, eles devem colocar seus esforços no sentido de encontrar maneiras para reduzi-los.

Ocorrem tantas mudanças econômicas e tecnológicas na maioria dos mercados que seria pouco razoável pensar que os orçamentos poderiam ser deixados inalterados de ano para ano. Os administradores devem ser encorajados a desafiar seus próprios orçamentos, para buscar melhorias e identificar o que está mudando no mundo que afetará suas despesas.

Elaborando orçamentos e medidas de desempenho

Orçamentos são frequentemente usados para mensurar o desempenho. O resultado é o de que os administradores podem ser motivados a estabelecer orçamentos ou metas que eles sabem que podem superar. O foco torna-se então superar uma meta negociada internamente ou proporcionar um desempenho "satisfatório" em vez de proporcionar o melhor desempenho. "Não supere o orçamento, supere a competição" é a visão de Jack Welch da General Electric.

Orçamentos devem ser estabelecidos para encorajar e promover o melhor desempenho possível, em vez de apenas um desempenho adequado. Talvez um mecanismo para aferirmos como estamos indo em relação ao melhor desempenho é através da comparação direta com outras organizações (*benchmarking*) e/ou a concorrência.

Exercício

1 A sua organização promove o melhor desempenho ou o desempenho "adequado"?

2 Como poderíamos realizar um *benchmarking* dos seus orçamentos e do seu desempenho – interna e externamente para focar em uma medida de desempenho relativa?

3 Como aspectos do desempenho da sua empresa poderiam ser comparados com competidores e organizações similares?

O jogo do orçamento

Em muitas organizações, o orçamento torna-se um jogo. Administradores apresentam orçamentos e planos na expectativa de que economias serão exigidas deles. Isso pode encorajá-los a aumentar a "gordura" nos seus orçamentos, que pode ser cortada mais tarde. Administradores seniores podem jogar um jogo similar, demandando números além das suas reais necessidades, de maneira a ter margem para dar mais aos titulares dos orçamentos.

Esse jogo é a principal razão pela qual os orçamentos são criticados. Se a sua organização joga o "jogo do orçamento", você achará muito difícil mudar as regras e provavelmente terá de "jogar junto".

Se você desempenha um papel na alta administração, você talvez possa parar com esse jogo. Ele será reduzido se for exigido dos administradores que apresentem orçamentos com justificativas. Uma medida a mais para se reduzir o jogo do orçamento é se afastar da utilização dos orçamentos como a meta fixa principal através da qual o desempenho dos administradores é mensurado, procurando em vez disso, utilizar mais metas externas e relativas.

Apresentando orçamentos

Orçamentos devem dizer respeito ao que os administradores farão, não ao que eles gastarão. Idealmente, orçamentos devem relacionar despesas com atividades. Essas atividades levam a produções e resultados que podem então ser relacionados de volta aos objetivos da organização. Quando apresentar o orçamento, tente destacar essas relações.

Se o orçamento for cortado, a consequência é um corte na atividade. Isso pode resultar em cortes nas produções e resultados e na possibilidade de não realizar os objetivos da organização. Quando cortes forem feitos, isso deve ser feito minimizando o impacto global sobre a organização, alcançando seus objetivos. Para defender o seu orçamento, você precisa demonstrar sua importância para a organização.

Elaborando orçamentos com planilhas

É muito tentador acreditar que elaborar orçamentos seja algo fundamentalmente relativo a modelos de planilhas. Seria possível elaborar um modelo detalhado de uma organização usando planilhas, mas o esforço teria de valer a pena. Um modelo assim levaria a uma melhor tomada de decisões e controle dos recursos?

Planilhas, ou mais especificamente o Microsoft Excel, são as ferramentas mais amplamente usadas para criar modelos de orçamento e previsão na maioria das organizações. Alguns contadores passam hoje em dia a maior parte do seu tempo elaborando, gerenciando e editando planilhas, mas seriam esses modelos de planilhas sempre as melhores ferramentas? Nós já discutimos o papel das planilhas na realização de previsões (ver Capítulo 2) e listamos alguns dos problemas com modelos de planilhas. Esses mesmos problemas também se aplicam à elaboração de orçamentos.

Dicas: trabalhando com planilhas para orçamentos

- Resista em elaborar as suas próprias planilhas DIY tanto quanto possível; desencoraje outros de fazer isso também.
- Se você produz a sua própria planilha, projete-a de maneira que seja fácil para os outros a usarem, compreenderem e verificarem. Essa disciplina também reduzirá a chance de erros. Pergunte a você mesmo: seria possível que essa planilha continuasse em uso se eu deixasse o negócio?
- Promova o design de planilhas como sendo uma atividade profissional, em vez de algo que alguém com um computador pode ou deve fazer.
- Estabeleça padrões para planilhas – mantenha-as o mais consistente possível em termos de layout, formato e estilo.
- Para modelos complexos, divida os insumos, cálculos e produção em seções separadas.
- Mantenha as planilhas da maneira mais clara e simples possível.
- Projete as planilhas de maneira que previsões-chave possam ser mudadas facilmente – por exemplo, se o preço de um material-chave mudou, ou uma estimativa a respeito de taxas de câmbio, como isso seria atualizado de maneira rápida e fácil em múltiplas planilhas?
- Encoraje a revisão de colegas para ajudar a identificar erros.
- Busque minimizar a quantidade de dados que precisam ser inseridos para reduzir o trabalho e erros de digitação.
- Verifique que os dados da planilha possam ser facilmente transferidos entre sistemas.
- Proteja células de fórmulas e números "dados" para evitar que eles sejam sobrescritos.
- Imponha um "controle de versão" estrito de maneira que você saiba que todos os usuários estão trabalhando com o mesmo modelo. Date e documente quaisquer razões para mudanças.
- Lembre os usuários da planilha para manterem todos os dados confidenciais seguros. Nenhuma planilha deve ser enviada para fora do negócio sem um consentimento prévio.

Desenvolvendo suas habilidades de planilha

Nós apresentamos um forte argumento para você não elaborar os seus próprios modelos de planilhas, mas se você realmente precisa aprender a manusear planilhas, então a melhor maneira é começar construindo uma.

O treinamento formal e conselhos podem poupá-lo tempo. Cursos de treinamento em aulas abertas para o público frequentemente trabalham conteúdos que podem não ser realmente relevantes para você, e qualquer coisa que você não usar logo após o curso muitas vezes é esquecida, portanto, é uma perda de tempo. O Excel tem uma vasta gama de funções que não poderiam ser cobertas em um único curso de treinamento e é muito improvável que você se lembrasse de todas elas.

Como mencionamos no Capítulo 2, uma fonte surpreendentemente boa de tutoriais Excel curtos, relevantes, oportunos, convenientes e gratuitos é encontrada no youtube.com. Há dúzias de instrutores *freelances* de TI que fizeram tutoriais em vídeo curtos, às vezes com livros didáticos que podem ser baixados dos seus sites.

Tente procurar no youtube.com para a sua habilidade desejada. Por exemplo, se você tentar procurar por "Fazendo gráficos no Excel 2007", isso vai proporcionar a você em torno de 3.000 resultados – nem todos eles serão úteis, mas você encontrará algumas joias que ensinarão a você o que você precisa saber em cinco minutos. Talvez você tenha colegas experientes que também podem compartilhar algumas dicas para poupar o seu tempo.

Ao utilizar a nossa abordagem DIY sugerida para melhorar as suas habilidades ao elaborar planilhas, você está demonstrando que você novamente está assumindo a responsabilidade pelo seu próprio desenvolvimento pessoal (apesar de que levando em consideração que você está lendo este livro, você já demonstrou isso!).

Há uma razão bastante convincente, entretanto, para sua organização tentar desenvolver algum treinamento de elaboração de planilhas formal para você e os seus colegas. A sua organização deveria tentar encorajar alguma consistência e padrões no design e uso de planilhas através dos departamentos. Um curso de treinamento interno que seja altamente focado e feito sob medida poderia ser uma maneira excelente para realizar isso. Antes de projetar o treinamento, no entanto, os padrões precisam ser definidos primeiro.

Se você quiser começar a se ocupar com o seu próprio desenvolvimento, algumas ferramentas Excel úteis e frequentemente deixadas de lado para você explorar são as seguintes:

- **Tabelas Dinâmicas (Pivot Tables)** – uma ferramenta para analisar e resumir uma tabela de dados.

- **Atingir Metas (Goal Seek)** – uma ferramenta para ajudá-lo com sua otimização. O solucionador "funciona de trás para frente" – o que você precisa mudar no valor de uma célula, para atingir um determinado resultado, ou para conseguir o resultado mínimo ou máximo.

- **Solver** – Uma ferramenta como a Goal Seek, mas mais avançada (fornecida como um *add-in* extra ao Excel).

- **Gerenciador de Cenários (Scenario Manager)** – quando você elabora um modelo para um orçamento, você talvez queira tentar diversos cenários diferentes para ver qual funciona melhor. Isso evita que você tenha de salvar cada cenário como uma planilha diferente e terminar fazendo uma confusão. O Gerenciador de Cenários permite que você salve os seus cenários diferentes dentro de uma planilha.

- **Caixa de Ferramentas de Análise (Analysis Toolpak)** – um acréscimo de ferramentas estatísticas extras incluindo ferramentas de previsão (introduzidas no Capítulo 2).

- **Funções PREVISÃO (FORECAST functions)** – (introduzidas e descritas no Capítulo 2).

Existem, é claro, limites para o que você pode aprender de um vídeo do YouTube ou de seus colegas. Para a elaboração de modelos financeiros avançados, nós recomendamos o abrangente livro de Alastair Day, *Mastering Financial Modelling in Microsoft Excel*, se você precisar levar as suas habilidades de elaboração de planilhas financeiras para um nível avançado.

Exercício/ilustração da elaboração de um orçamento

Ao final do Capítulo 8, nós incluímos um exercício/ilustração "Melhores Serviços de Treinamento de Orçamentos". Ele elabora um orçamento de fluxo de caixa e demonstração do resultado e então analisa o desempenho em relação a esse orçamento. Nós sugerimos, entretanto, que você primeiro leia os capítulos anteriores.

5

Como o caixa deve ser orçado e controlado?

O caixa é frequentemente referido como sendo o "rei". Como nós podemos planejar e gerenciar nosso fluxo de caixa?

Como podemos planejar e gerenciar nosso capital de giro (estoque, devedores e credores)?

Sistemas de planejamento e previsão de fluxo de caixa

Grandes organizações muitas vezes gastam quantias enormes de dinheiro em sistemas de planejamento dos recursos do empreendimento (ERP – *enterprise resource planning*) como o SAP e o Oracle. Estes sistemas cobrem uma ampla gama de funções dentro da organização, incluindo planejamento, logística e contabilidade. Apesar desse investimento, a previsão de fluxo de caixa, mesmo em corporações muito grandes, é completada muitas vezes em uma planilha básica na tesouraria.

No estudo de 2011 do Hackett Group, foi analisada a precisão das empresas em relação a custos para receita, lucros e caixa. O que o estudo descobriu foi que as previsões mais precisas foram para receita, então lucros, e as previsões menos precisas foram geralmente para fluxo de caixa. A previsão para fluxo de caixa é possivelmente a previsão mais decisiva na organização.

Ficar sem caixa significa, na pior das hipóteses, falência. Mesmo se a falência não for uma ameaça, não saber a sua posição de caixa e, portanto, não conseguir realizar uma previsão de maneira precisa, significa que você não alcançará os melhores retornos sobre os seus saldos de caixa. Prever o caixa talvez seja a atividade mais fundamental que uma empresa pode fazer.

Nós já trabalhamos com muitas organizações pequenas que não tinham planos ou orçamentos, e apesar disso algumas delas funcionavam surpreendentemente bem. Quando ocorreu a recessão global de 2008, algumas dessas empresas pequenas começaram a realizar previsões de fluxo de caixa por necessidade. Subitamente elas perceberam que o dinheiro estava em falta e que os bancos não estavam preparados para emprestar para elas, ou na realidade para a maioria das organizações. Os clientes tentaram segurar o seu dinheiro por mais tempo, atrasando pagamentos, e os fornecedores correram atrás deles para receber o seu com todo afinco. Através de um monitoramento de fluxo de caixa cuidadoso, previsão e gerenciamento, nós podemos melhorar nossas chances de sobrevivência.

Para compreender como podemos melhorar a elaboração de orçamentos de caixa e previsão de caixa, precisamos compreender as principais diferenças entre o lucro e o fluxo de caixa (isso foi coberto no Capítulo 3). Talvez você se lembre que as principais diferenças dizem respeito a mudanças no capital de giro, depreciação, despesas de capital e financiamento. O planejamento das despesas de capital (também conhecido como orçamento de capital) é coberto com mais detalhes no capítulo a seguir.

Nós já discutimos algumas ideias sobre melhorias nas previsões (Capítulo 2) e elaboração de orçamentos (Capítulo 4). Grande parte do conteúdo dos capítulos anteriores aplicar-se-á à elaboração do orçamento de caixa e à previsão. Nós também analisamos as duas abordagens diferentes para apresentar uma demonstração do fluxo de caixa (direto e indireto) no Capítulo 3. Também no Capítulo 3, nós sugerimos que o método indireto é a melhor abordagem para ser usada na elaboração de orçamentos e previsão de fluxo de caixa.

Gerenciando capital de giro – caixa e risco

O gerenciamento de caixa para a maioria das organizações diz respeito fundamentalmente ao gerenciamento do capital de giro ou:

- Estoque
- Devedores (contas a receber)
- Credores (contas a pagar)

O estoque e os devedores imobilizam o caixa. Há um custo de oportunidade – o dinheiro investido no capital de giro poderia estar no banco gerando juros. Uma questão mais premente para a maioria dos pequenos negócios é a de que o dinheiro está em falta e tomar emprestado é difícil ou relativamente caro. Um custo adicional de se ter estoque é o de que ele precisa ser armazenado.

O capital de giro também apresenta um risco para o negócio e as razões para isso incluem:

- O estoque pode tornar-se obsoleto ou deteriorar-se, ser danificado ou roubado.
- Os clientes podem ir à falência ou questionar suas faturas.
- Os credores podem escolher parar de fornecer se não pagarmos de acordo com seus termos.

Para prever nossos fluxos de caixa, precisamos elaborar um modelo do capital de giro.

Gerenciando devedores (contas a receber)

Devedores (também conhecidos como contas a receber) são os montantes devidos por clientes ao negócio. Em muitos casos, os devedores são o maior ativo de uma empresa. Conquistar um controle melhor sobre os devedores pode, em muitos casos, melhorar incrivelmente o fluxo de caixa. Em alguns casos, a melhoria na velocidade de recebimento do pagamento pode ser simples, como emitir a fatura mais cedo, melhorar a precisão da fatura e solucionar contendas com clientes rapidamente.

Nós podemos medir e monitorar nosso desempenho no gerenciamento de nossos devedores e cobranças de crédito com uma análise relativamente simples.

Dias do devedor e dias de vendas em aberto (*DSO – days sales outstanding*)

Aproximadamente quantos dias são necessários para receber os pagamentos dos clientes? Isto pode ser calculado de várias maneiras. O método mais simples é dividir o número de devedores em aberto pelo número de vendas a crédito anual e multiplicar por 365. Um método melhor é expressar os devedores em aberto atuais (ou contas a receber) como uma proporção das vendas dos meses recentes, ver o exemplo a seguir.

Exemplo

Tabela 5.1 Devedores em aberto (contas a receber) ao final de março, £ 46.000

	Vendas (£)
Abril – Dezembro 20X1	140.000
Janeiro 20X2	10.000
Fevereiro 20X2	20.000
Março 20X2	22.000
Vendas anuais (Abril 20X1 – Março 20X2)	192.000

DSO = 31 dias de março (£ 22.000), 28 dias de fevereiro (£ 20.000)

(£ 46.000 – £ 22.000 – £ 20.000)

$$\frac{£\ 4.000}{£\ 10.000} \times 31 = 13 \text{ dias de janeiro} = 72 \text{ total}$$

Um cálculo alternativo simples é:

Valor Total dos Devedores = £ 46.000 compostos de £ 22.000 (vendas de março – 31 dias) e £ 20.000 (vendas de fevereiro – 28 dias) e £ 4.000 das vendas de janeiro (4.000/10.000 x 31 dias – 13 dias)

DSO Total = 31 + 28 + 13 = 72 dias

O cálculo mais simples resulta em um número mais alto para os dias dos devedores. Isto ocorre porque à medida que as vendas vão subindo com o passar do ano, o número é calculado com base na venda diária média em vez de nas vendas mais recentes. Isso pode passar um quadro enganoso a respeito de até que ponto estamos gerenciando bem nossos devedores.

Uma análise cronológica de devedores

Esta análise e apresentação mostra as contas de nossos clientes em termos de quanto eles têm em aberto ao longo de diferentes períodos no tempo. Um acréscimo útil é uma explicação de por que as quantias estão em aberto e qual ação está sendo tomada para possibilitar ou fazer com que os pagamentos sejam efetuados.

Gerenciando estoque

A gestão de estoque não diz respeito à redução ou minimização do estoque, e sim a como *otimizá-lo*. É possível que uma empresa tenha estoque demais ou muito pouco estoque – a meta é que ela tenha exatamente o montante certo de estoque. Muito pouco estoque pode causar problemas operacionais ou de oferta, enquanto um excesso de estoque significa que há um dinheiro desnecessariamente imobilizado e aumenta o risco de o estoque tornar-se obsoleto e deteriorado.

Para otimizar o estoque, é preciso que nos tornemos melhores no planejamento, previsão, monitoramento e controle dele. O simples passo de investir em um sistema de registro eficiente do estoque pode proporcionar um grande dividendo na melhoria do gerenciamento do estoque. A sua organização sabe precisamente quanto estoque ela tem e onde ele é armazenado?

Melhorar as previsões ajudará na programação da produção e planejamento dos materiais. Mais detalhes das ferramentas e técnicas de previsão são cobertos no Capítulo 2.

Just-in-Time (JIT)

A indústria automobilística, e em particular os fabricantes de carros japoneses, são bastante conhecidos por sua eficiência e gestão de estoque em uma base *just-in-time*. Sob o sistema *just-in-time*, os componentes e os materiais são fornecidos à linha de produção exatamente quando são necessários. Essa abordagem eficiente e enxuta ajudou os fabricantes de carros japoneses a operar de maneira mais efetiva em termos de custos, apesar de que também os expuseram a riscos. Tanto o terremoto no Japão quanto as enchentes na Tailândia em 2011 afetaram as cadeias logísticas de uma série de fabricantes de carros, fazendo com que eles questionassem as virtudes de se operar com tão pouco estoque.

Abordagens estratégicas para a gestão de estoque

A necessidade do estoque será reduzida se uma empresa puder reduzir a sua gama de produtos, assim como o número de componentes em cada produto. Como mencionado anteriormente, a racionalização dos produtos também ajudará a reduzir os custos. Oportunidades de racionalização de produtos podem ser identificadas conduzindo uma análise de Pareto; uma proporção muito alta de vendas pode vir de apenas alguns produtos. Ao se concentrar nesses poucos produtos em particular, a empresa pode reduzir sua gama de produtos sem ter muito impacto sobre os seus volumes de vendas.

A última diferenciação de produtos vai proporcionar uma maior padronização na produção. A última diferenciação significa fazer os mesmos produtos e então acrescentar diferenças em um estágio final. Uma fabricante de roupas bem conhecida produz blusas em uma ampla gama de cores, mas as blusas são todas produzidas no mesmo tom creme e tingidas apenas em um estágio posterior da produção.

Gestão de estoque e orçamentos

Os níveis de estoque têm de ser orçados a fim de planejar tanto as compras quanto o fluxo de caixa. Programas para reduzir o estoque devem ser incorporados dentro do processo de elaboração do orçamento. Em vez de meramente declarar que o estoque será reduzido, medidas específicas que buscarão reduzir o estoque aos níveis exigidos devem ser identificadas.

Uma maneira simples de mensurar o desempenho da gestão de estoque é expressar o estoque em termos de "dias" ou de giro de estoque.

Cálculos

Dias de estoque	(valor do estoque/custo das vendas) x 365
Giro de estoque	custo das vendas (para o ano)/estoque

Essas medidas podem ser incorporadas dentro da elaboração do estoque e processo de planejamento. As medidas têm problemas similares para o cálculo dos dias do devedor e dias de vendas em aberto (DSO) visto que eles serão afetados pelo aumento e queda nos níveis de vendas atuais. E o que é mais importante, os níveis de estoque hoje serão estabelecidos para atender às vendas futuras em vez de vendas passadas.

Portanto, uma medida melhor seria expressar o estoque em termos de vendas esperadas futuras. O estoque também é feito de uma gama de itens, de maneira que é possível se manter um monte do estoque errado.

A mensuração do desempenho da gestão de estoque também deve incluir medidas de estoque e seu impacto sobre as operações do negócio. As medidas poderiam incluir:

- Percentagem de entregas pontuais de pedidos *vs.* meta.
- Acúmulo de pedidos.

Gerenciando credores (contas a pagar)

Talvez você acredite que credores ou "contas a pagar" nos proporcionam uma fonte barata de financiamento, mas se você atrasar o pagamento de seus fornecedores, você pode sofrer com serviços ruins ou preços mais altos. Nossos termos de pagamento com fornecedores devem ser negociados levando em consideração o impacto tanto sobre o caixa quanto sobre o lucro.

Algumas empresas escolhem pagar seus fornecedores rápida e estritamente de acordo com as condições contratuais. Ao fazer isso, elas podem muitas vezes negociar preços melhores. Em algumas indústrias, muitas empresas contam com os fornecedores para financiar em grande parte seus negócios. Construtoras, por exemplo, podem conseguir negociar alguns pagamentos de clientes antecipadamente e ainda assim atrasar os pagamentos para empresas subcontratadas. Muitos projetos de construção têm margens de lucro muito baixas, mas exigem muito pouco capital na medida em que os projetos são financiados pelos clientes e fornecedores da empresa.

Qualquer que seja o seu negócio, o período para pagar os seus fornecedores e outros termos deve ser ativamente gerenciado para obter o máximo de vantagem e também atender aos seus objetivos de negócio.

Credores e contas a pagar podem ser expressos em termos de dias como o estoque e os devedores (contas a receber). O cálculo dos dias dos credores (contas a pagar) é o seguinte:

Credores (contas a pagar)/custo dos bens vendidos x 365

> **Dica**
>
> Em tempos de crise de fluxo de caixa, muitas empresas atrasam o pagamento dos seus fornecedores. Um sinal de aviso potencial de que uma empresa está passando por dificuldades é atentar para um aumento súbito nos seus dias de pagamento dos credores.

Fluxo de caixa em um negócio

A Figura 5.1 ilustra o fluxo de caixa em um negócio. Todo o caixa origina-se inicialmente de empréstimos ou patrimônio líquido dos acionistas (descrito no diagrama como financiamento). O caixa é investido em ativos fixos e capital de giro. Uma empresa tem de pagar seus funcionários e fornecedores. Os fornecedores fornecem materiais ou serviços; alguns destes custos serão investidos na produção de produtos e, em última análise, produtos acabados. Os produtos são então vendidos (esperemos que por um lucro). Se os produtos são vendidos a crédito, então o caixa estará imobilizado em devedores até que eles paguem.

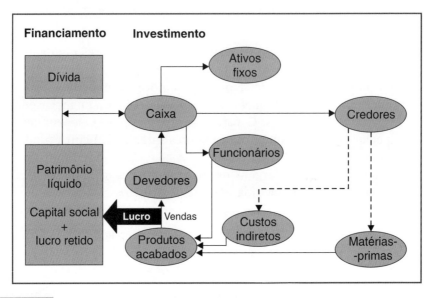

Figura 5.1 **Fluxo de caixa em um negócio**

6

Como uma despesa de capital deve ser orçada?

Neste capítulo analisaremos como investimentos em ativos fixos devem ser planejados e orçados. Também examinaremos como você pode elaborar um orçamento e planejar uma despesa de capital.

O que é uma despesa de capital?

Uma despesa de capital é o dinheiro gasto em ativos fixos de longo prazo (como a planta e equipamentos), normalmente com a ideia de se obter benefícios a longo prazo. Tendo em vista que a despesa deve gerar benefícios a longo prazo para a empresa, ela deve ser planejada em uma base a longo prazo. Em organizações menores, o principal fator determinando se uma empresa pode investir é se ela tem ou não condições para fazê-lo!

Em organizações menores, as decisões sobre uma despesa de capital podem ser feitas a partir de uma "intuição", com pouca quantificação formal em relação aos benefícios desta despesa. No entanto, isso não significa necessariamente que decisões de investimento ruins sejam feitas. Em organizações maiores, propostas de despesas de capital normalmente têm de passar por alguns testes formais a fim de serem autorizadas. As propostas normalmente têm de incluir uma análise formal e a apresentação de custos e benefícios. Estes podem ser apresentados como impacto sobre a receita ou despesas, ou em termos de impacto sobre o fluxo de caixa. Elaborar a defesa de uma proposta é um pouco parecido com a elaboração de um orçamento.

Normalmente, os custos podem ser identificados com maior facilidade do que os benefícios. Quantificar os benefícios em termos financeiros pode ser difícil e um pouco subjetivo. Uma vez que os custos e os benefícios tenham sido quantificados, a análise parece ter alguma objetividade racional, mas essa análise é apenas tão boa quanto os números que foram estimados. Não é incomum defensores de um projeto serem exageradamente otimistas quanto aos seus custos e benefícios, especialmente se for algo que eles estão interessados em conseguir.

Tornar-se melhor na tomada de decisões de investimento normalmente diz mais respeito a tornar-se melhor em trabalhar os custos e benefícios de uma proposta em vez de tornar-se melhor na aplicação de algum modelo de avaliação como o fluxo de caixa descontado (mais detalhes abaixo).

Na teoria, qualquer despesa de capital que proporciona benefícios além do "custo de capital" deve valer a pena. Nós podemos pensar a respeito do custo de capital como sendo a taxa de retorno exigida que os acionistas querem, combinada com o custo de empréstimo no que é chamado de custo médio ponderado de capital (ou CMPC). Mesmo as maiores organizações enfrentam problemas de "racionamento de capital". Isso significa que qualquer que seja o seu custo de capital, o caixa pode ser limitado e planos de despesas de capital tenham de ser tomados levando em consideração essa restrição.

A regra do *payback* (ou ponto de equilíbrio)

O método mais simples – e possivelmente o mais comumente usado – de avaliação de um investimento é uma técnica conhecida como *payback*. A utilização da regra de *payback* exige que os projetos paguem a si mesmos dentro de um determinado período de tempo. Tipicamente, uma organização pode ter exigido que todos os projetos paguem a si mesmos dentro de três a cinco anos.

Seguindo a crise bancária de 2008, muitos bancos restringiram seus empréstimos, colocando uma pressão de fluxo de caixa em muitas empresas no Reino Unido. As empresas passaram a focar o fluxo de caixa em vez dos lucros. Elas tentaram gerenciar seu capital de giro, estoque, contas a receber (devedores) e contas a pagar (credores) com mais cuidado. Elas também foram forçadas a rever seus planos de despesa de capital e muitas empresas reduziram seu período de *payback* exigido para projetos de três a cinco anos para apenas 12 meses.

Exemplo

A tabela a seguir representa os fluxos de caixa de dois projetos em potencial. Cada projeto exige um investimento inicial de £ 100.000 e realiza um benefício de caixa somente nos cinco anos seguintes.

Tabela 6.1

Ano	Projeto A (£)	Projeto B (£)
0 (hoje)	(100.000)	(100.000)
1	50.000	20.000
2	40.000	30.000
3	30.000	30.000
4	20.000	40.000
5	20.000	50.000
Total	60.000	70.000
Payback	3 anos	4 anos

Em qual projeto você investiria e por quê? O Projeto A tem um período de *payback* mais curto de três anos, mas o projeto B proporciona um retorno total maior.

O principal benefício do projeto A é o de que a maior parte dos retornos de fluxo de caixa ocorre nos anos iniciais. Poderíamos dizer que há menos risco com o projeto A do que com o projeto B. Em uma situação real, nós faríamos um julgamento sobre os riscos de cada projeto e seus fluxos de caixa respectivos.

VPL e FCD

Uma crítica da regra do *payback* é que ela coloca ênfase demais sobre a rapidez dos retornos. Um projeto ou investimento talvez não dê um retorno dentro do período de *payback* de três a cinco anos, mas mesmo assim ainda proporciona benefícios a longo prazo que em última análise valem mais para a empresa.

Um método melhor de avaliação de investimentos é frequentemente considerado como sendo o valor presente líquido (VPL) ou técnica de fluxo de caixa descontado (FCD). O NPV ou técnica FCD reconhece todos os fluxos de caixa, mas também leva em consideração que os *fluxos de caixa recebidos mais cedo valem mais do que os fluxos de caixa recebidos mais tarde,* devido ao valor do dinheiro no tempo.

O valor do dinheiro no tempo

Dada a escolha de receber £ 1 hoje ou £ 1 daqui a 12 meses, a maioria das pessoas preferiria receber £ 1 hoje. Se você tiver de esperar pelo seu dinheiro, ele será afetado pela inflação e pode haver mais risco de não recebê-lo em uma data futura. Também, se você tiver £ 1 hoje, você poderia investi-la e obter um retorno.

No exemplo a seguir, nós assumimos que não haja risco e nem inflação, mas que é esperado que a empresa obtenha um retorno financeiro de 10% e que ela pague 10% sobre fundos financiados (esta é uma explicação simplificada do "custo de capital" da empresa).

Se nós tivéssemos £ 1, hoje nós poderíamos investi-la e ter £ 1,10 em um ano, de maneira que a promessa de £ 1,10 em um ano vale apenas £ 1,00 para nós hoje. £ 1,00 daqui a um ano vale apenas 1/1,1 x £ 1,00, ou em torno de 91 p. £ 1,00 daqui a dois anos valerá apenas aproximadamente 83 p. para nós hoje. Para cada ano no futuro, nós dividimos por 1,1, ou um mais o custo de capital.

Exemplo

Tomando os dois projetos do exemplo de *payback* anterior, nós podemos pegar os fluxos de caixa e "descontá-los" de acordo com o valor do dinheiro no tempo. O fator de desconto é um fator para converter um valor em dinheiro no futuro para o que ele vale hoje. A tabela a seguir fornece os fatores de desconto e as taxas diferentes do custo de capital junto com a fórmula para calcular o fator de desconto.

Tabela 6.2 O valor presente de £ 1 com diferentes taxas do custo de capital

Ano	Taxas de desconto			
	5%	10%	15%	20%
0 (hoje)	1,0000	1,0000	1,0000	1,0000
1	0,9524	0,9091	0,8696	0,8333
2	0,9070	0,8264	0,7561	0,6944
3	0,8638	0,7513	0,6575	0,5787
4	0,8227	0,6830	0,5718	0,4823
5	0,7835	0,6209	0,4972	0,4019

Fórmula

Fator de desconto no ano $n = 1/(1 + r)n$

onde n = ano, r = custo de capital

Após "descontar" ambos os projetos a 10%, ambos têm um valor positivo para o VPL (a soma do investimento inicial mais todos os fluxos de caixa descontados futuros). Então isso quer dizer que ambos são projetos que

Tabela 6.3

Fluxos de caixa descontados para o Projeto A e o Projeto B a 10% e a 20%

Ano	Projeto A (£)	Projeto B (£)	Taxas de desconto 10%	Taxas de desconto 20%	FCD Taxa de desconto de 10% Projeto A	FCD Taxa de desconto de 10% Projeto B	FCD Taxa de desconto de 20% Projeto A	FCD Taxa de desconto de 20% Projeto B
0 (hoje)	−100.000	−100.000	1,0000	1,0000	−100.000	−100.000	−100.000	−100.000
1	50.000	20.000	0,9091	0,8333	45.455	18.182	41.667	16.667
2	40.000	30.000	0,8264	0,6944	33.058	24.793	27.778	20.833
3	30.000	30.000	0,7513	0,5787	22.539	22.539	17.361	17.361
4	20.000	40.000	0,6830	0,4823	13.660	27.321	9.645	19.290
5	20.000	50.000	0,6209	0,4019	12.418	31.046	8.038	20.094
Total	60.000	70.000			27.131	23.881	4.488	−5.755
Payback	3 anos	4 anos	Payback descontado		3 anos	5 anos	5 anos	Nunca

valem a pena. A uma taxa de desconto de 20%, entretanto, apenas o Projeto A vale a pena. O fluxo de caixa descontado também pode ser usado para calcular um período de *payback* descontado.

Racionamento de capital: índice de lucratividade

A regra do VPL indica se vale a pena investir em um projeto ou não. Infelizmente, ele não fornece a você qualquer indicativo de como classificar projetos. Um simples mecanismo de classificação é dividir o VPL para um projeto por seu investimento inicial. Isso dá a você o índice de lucratividade.

Presumindo que o investimento do projeto é limitado pelo montante de fundos disponíveis para investir em projetos hoje, então a classificação baseada no índice de lucratividade proporcionará a você um indicativo de quais projetos você deveria investir primeiro, a fim de dar a você o melhor VPL de seus fundos limitados.

A elaboração de orçamentos de caixa para projetos de capital diz respeito ao racionamento. Uma vez que nós tenhamos decidido em quais projetos valem a pena investir, nós temos então de estabelecer o que nós podemos pagar e quando, talvez produzindo uma previsão de fluxo de caixa que siga ao longo de vários anos. Algumas empresas de serviços públicos, com as quais nós trabalhamos, planejam projetos de capital ao longo de décadas.

Ajuste estratégico e "roteiros"

Há um limite para até onde a utilização de análises numéricas seja útil na tomada de decisões de investimento. Em última análise, nós precisamos usar nosso julgamento a respeito dos tipos de projetos que são certos para investirmos neles.

Pode ser necessário investir em um projeto com um VPL ruim ou um índice de lucratividade ruim, pois o investimento é fundamental para o sucesso futuro do negócio. Pode haver alguns projetos nos quais não é fácil quantificar o benefício em termos financeiros, no entanto o projeto ainda pode ser visto como sendo um investimento essencial.

Quando julgar projetos, faz sentido analisá-los contra os planos e estratégia do negócio. Você deve perguntar a si mesmo: "Como este projeto contribuirá para alcançarmos nossos objetivos a longo prazo?".

Em algumas organizações, a administração talvez estabeleça um "roteiro" que descreve os tipos de projetos que eles precisam investir para alcançar seus objetivos a longo prazo. Todos os projetos podem ser avaliados então contra este roteiro. A questão a ser perguntada então é: "O projeto nos leva para frente para onde nós queremos estar ou ele é, apesar de lucrativo, uma distração?".

> **Exercício**
>
> **1** A sua organização tem uma estratégia?
>
> **2** Como essa estratégia influencia suas decisões de investimento?
>
> **3** Quais os tipos de projetos que você deveria investir hoje para alcançar os seus objetivos de negócios amanhã?
>
> **4** Você tem um roteiro dos tipos de projetos que você deveria estar investindo no futuro?

Análise de sensibilidade

Quando elaborar um plano de um projeto, a lista de custos e benefícios são apenas estimativas. A análise e a conclusão serão apenas tão boas quanto os números que forem colocados no modelo. Faz sentido identificar as previsões-chave por trás de uma proposta, tomar os parâmetros chave dentro do projeto e ajustá-los, testando a sensibilidade do projeto.

Um de nossos clientes – um varejista bem-sucedido do Reino Unido com mais de 400 lojas – foi capaz de estimar os custos de construir lojas novas e prever as vendas destas lojas novas com um alto grau de precisão. Era uma empresa muito prudente, e, dentro do seu processo de avaliação de investimento, ela sempre produzia um "caso base" fundamentado na sua melhor estimativa, e então trabalhava com a previsão de vendas variando-a, para ver quão baixas as vendas poderiam chegar antes que não valesse a pena abrir a loja.

Ela também analisou o desempenho da loja com apenas 80% das vendas esperadas. Esse processo de se tomar os seus parâmetros-chave e variá-los para ver como eles afetam o desempenho de investimento é conhecido como análise de sensibilidade.

É possível tornar a análise mais complexa e sofisticada variando diversos parâmetros e realizando uma simulação conhecida como uma análise de Monte Carlo. Tornar a análise de sensibilidade mais complexa e sofisticada não a torna automaticamente melhor – dentro da maioria das decisões de investimento existem apenas algumas poucas previsões ou parâmetros-chave para focarmos.

Risco

O risco é a probabilidade de um evento ou situação ocorrer, multiplicado por seu impacto ou custo. Com toda decisão há riscos. Quando elaborar um caso de negócio ou apresentar uma proposta, todas as principais estimativas e riscos em torno dessas previsões devem ser listados em um registro de riscos. Uma vez que tenham sido listados, você precisa então tentar identificar a probabilidade de cada evento negativo potencial ocorrer e o seu provável impacto.

É tentador focar exclusivamente em eventos de alta probabilidade e alto impacto. Esta nem sempre é a melhor coisa a ser feita. De acordo com um estudo da Oxford University e da empresa de consultoria McKinsey[1], eventos de baixa probabilidade e alto impacto (às vezes referidos como "cisnes negros")[2] são frequentemente subestimados, especialmente em projetos de tecnologia. O estudo estimou que um em cada seis projetos de TI grandes excede o seu orçamento em mais de 200%.

Exercício

Considere projetos dentro da sua própria organização. Você consegue identificar casos de "cisnes negros" – a ocorrência de eventos de baixa probabilidade que tiveram um impacto significativo sobre o projeto?

Avaliação pós-investimento

A maioria das organizações deixa de realizar uma avaliação pós-investimento. A principal razão para isto é que a maioria das pessoas não está interessada no passado. Projetos futuros são considerados mais pertinentes. A avaliação pós-investimento, no entanto, talvez seja a técnica mais

---

[1] Pesquisa da Said Business School da Oxford University e a empresa de consultoria McKinsey & Co., agosto, 2011, www.ox.ac.uk/media/news_stories/2011/110822_1.html

[2] A expressão "cisnes negros" foi cunhada porque cisnes negros eram considerados uma completa impossibilidade até descobertos na região oeste da Austrália pelo explorador holandês Willem de Vlamingh no Rio Swan em 1697.

fundamental que uma organização pode usar para melhorar a elaboração do seu orçamento de capital. Ao analisar projetos anteriores, você pode melhorar sua produção de estimativas de custos e benefícios para projetos futuros.

Quando projetos e investimentos são analisados, isso deve ser feito contra as estimativas originais que foram feitas na proposta do investimento original. Você pode então examinar quais estimativas estavam incorretas e o que pode ser aprendido dessa experiência para tomar melhores decisões de investimento no futuro.

A avaliação pós-investimento tornou-se mais desafiadora em anos recentes devido ao ritmo de mudança e às turbulências econômicas de 2008 em diante. Ao fazer um investimento, nós estamos normalmente assumindo um risco, mas ao analisarmos e aprendermos com os projetos e situações passadas, deve ser possível reduzir o risco em investimentos futuros.

Planejamento de fluxo de caixa a longo prazo

Na maioria das organizações, planos de despesa de capital serão limitados pela disponibilidade de caixa. Faz sentido produzir estimativas aproximadas de exigências de fluxo de caixa para cobrir planos de investimento a longo prazo. Esses planos a longo prazo terão de ser atualizados para refletir circunstâncias em evolução.

Substituição e melhoria de ativos

Quando o caixa é escasso, é tentador postergar a substituição de ativos antigos e espremer um pouco mais de vida deles. Ao fazer isso, você reduz o seu fluxo de saída de caixa e sua depreciação anual, mas você talvez também perca os benefícios de operar equipamentos novos que podem ter custos de manutenção mais baixos e uma maior eficiência.

A mudança tecnológica reduziu as vidas dos ativos em muitas indústrias. É importante planejar a substituição de ativos, incluindo a previsão do custo destas substituições. Não é possível de se prever com precisão como a tecnologia mudará, mas é fato que a mudança é inevitável e precisa ser planejada para a maior extensão de tempo possível.

Exercício

1. Faça uma lista dos grupos de ativos-chave fixos dentro do seu negócio ou sua área do negócio e identifique a idade média desses ativos. Você consegue prever quando importantes substituições serão necessárias?
2. A sua organização tem os fundos para substituir esses ativos?
3. Quais as outras despesas de capital que você precisa se comprometer nos próximos cinco anos para permanecer competitivo dentro do seu mercado?

Investimento em capital de giro

Em alguns projetos, um investimento em capital de giro pode ser mais significativo do que um investimento em ativos fixos como uma planta, máquinas e equipamentos. Ao tomar decisões de investimento, é importante elaborar um modelo dos fluxos de caixa, incluindo o investimento em capital de giro.

Por exemplo, suponha que nós estivéssemos investindo em um produto novo exigindo uma planta, máquinas e equipamentos novos. Quando produzimos um produto, nós também temos de investir em estoques de matérias-primas, trabalho em curso e produtos acabados. Quando o produto é vendido, talvez haja um investimento em devedores (contas a receber). O investimento em capital de giro será reduzido pelo montante de crédito que nós ganhamos de nossos fornecedores ou credores (contas a pagar).

Exercício

1. Analise um projeto no qual você esteve envolvido nos últimos anos. Dentro do projeto havia uma compreensão adequada do impacto do capital de giro sobre o fluxo de caixa da empresa?
2. O que teria ajudado a sua organização a elaborar um modelo melhor do capital de giro?

Lembre-se, você pode aprender muito a partir da análise de projetos anteriores (avaliação pós-investimento). Essas análises ajudarão você a elaborar casos de negócios mais completos no futuro.

Lista de conferência

Se você está envolvido em decisões de investimento, utilize esta lista de conferência curta quando começar a trabalhar os números.

1 Verifique as decisões contra os objetivos e a política da empresa. Para decisões importantes ou a longo prazo, demonstre o "ajuste estratégico". Propostas que demonstram um elo claro com os objetivos da empresa têm mais chance de serem bem-sucedidas. Poupe o seu tempo e esforço – não faz sentido investir o seu tempo desenvolvendo propostas e casos de negócios que não estejam claramente alinhados com os objetivos, política e estratégia da organização.

2 Tente quantificar todos os custos e benefícios em termos financeiros. Custos e benefícios devem ser analisados do ponto de vista da organização, e não do departamento.

3 Aprenda com sua experiência. Você pode melhorar casos de negócios e propostas olhando para trás para decisões anteriores para ver o que deu certo e o que deu errado.

4 Analise decisões anteriores – utilize a avaliação de decisão e pós-investimento. Na maioria das organizações, não há avaliação pós-investimento suficiente. Administradores tendem a demonstrar maior interesse em propostas novas do que naquelas que já passaram. Há lições valiosas para serem aprendidas de projetos que nós já começamos ou completamos, e estas não devem ser ignoradas.

5 Relate e documente todas as previsões e especifique de onde vieram os seus números na sua proposta. Ao fazer isso, você passa a ter uma chance maior de provar os números para si mesmo primeiro e apresentar um caso de negócio convincente para o revisor da proposta. Quando o projeto for revisado, você pode voltar para essas previsões originais para ver quais eram válidas. Fazer isso pode ajudar a melhorar decisões futuras de negócios.

6 Identifique "marcos" para monitorar projetos e o progresso de propostas. Quando o projeto estiver sendo colocado na prática, é interessante termos marcos a fim de sermos capazes de mensurar e gerenciar o progresso.

7 Identifique fatores de sucesso críticos. Por exemplo, o que fará com que o projeto ou a proposta fracasse e, portanto, o que precisa ser gerenciado?

8 Reconheça e tente quantificar os principais riscos. Há riscos em todos os projetos. Você pode tentar listá-los de acordo com sua probabilidade e o seu impacto. Então para cada risco significativo, pense a respeito de como você pode reduzir a chance de ele acontecer ou reduzir o seu impacto. Riscos de baixa probabilidade e alto impacto são frequentemente os riscos mais negligenciados.

9 Inclua a análise de sensibilidade (ajustando as estimativas-chave em seu caso de negócio/proposta).

10 Considere custos relevantes e ignore quaisquer custos irrecuperáveis. Custos irrecuperáveis são aqueles custos a fundo perdido. Você quer considerar somente os custos futuros, na medida em que você não tem como "recuperar" custos passados.

11 Obtenha um comprometimento com os números através do envolvimento. Envolva as pessoas que estarão realizando o projeto na produção do caso de negócio. Elas estarão então mais comprometidas com os números.

parte

2

Gerenciando seu orçamento e proporcionando desempenho

7

De volta ao básico: vivendo dentro do seu orçamento e proporcionando VFM

Existem alguns princípios simples para dar o ponto de partida no gerenciamento do seu orçamento. Neste capítulo fornecemos alguns modelos simples para mantê-lo na linha.

Mecanismo de retorno do orçamento

Sistemas de controle orçamentário precisam fornecer um retorno efetivo. Esse retorno diz o que está acontecendo para as pessoas que estão gerenciando o orçamento e as alertam quanto a eventuais problemas. Quanto mais cedo o problema for identificado, melhor. Idealmente, os sistemas alertarão esses profissionais antecipadamente. Devemos buscar projetar indicadores avançados (que dão avisos adiantados) em vez de indicadores retardatários (descobertos após o ocorrido). Administradores devem planejar também para prováveis resultados adversos e ter medidas corretivas de reserva.

Por exemplo, quando você fica com sede, seu corpo está dando o retorno de que você está desidratado e precisa beber algo. Esse retorno não é necessariamente tão útil assim se você estiver no meio do deserto sem água! Faz sentido preparar-se para resultados prováveis olhando para trás para experiências passadas. Experiências (e a prática bem aprendida) devem ser compartilhadas.

Na maioria das organizações, e com a maioria dos orçamentos, o retorno mais básico é tirado de uma comparação entre o orçamento original e a despesa real. Esse retorno é limitado, é claro, pela qualidade do orçamento original.

Exemplo

Um gerente de orçamento no norte da Europa elabora um orçamento para os custos com serviços básicos para um ano inteiro. Ele divide o total por 12 para determinar um orçamento mensal. Nos meses de inverno, ele parece ter gasto excessivamente e, nos meses de verão, ele parece ter feito economias. Sua colega está gerenciando uma fábrica que opera com ar refrigerado no Oriente Médio. Ela descobre que está fazendo economias no inverno e gastando excessivamente nos meses de verão (mais quentes). Essas variâncias podem ter surgido devido a uma má distribuição do orçamento – o retorno mensal fornece essa informação.

Uma alternativa pode ser comparar as despesas para o período atual com as despesas para o mesmo período no ano anterior. Isso parece sensato, mas não leva em consideração mudanças em custos unitários ou mudanças em atividade. Um melhor indicador de acompanhamento é utilizar uma média contínua de 12 meses e ver se a média está subindo ou caindo.

Para calcular uma média contínua, você toma as despesas da linha de custo ou de um departamento e as divide por 12. Você então compara esse custo contra o custo médio contínuo de 12 meses. Uma comparação pode ser feita para ver se os custos em geral estão subindo ou caindo.

Números de orçamentos podem ser corrompidos. Se os administradores sabem que o seu desempenho será mensurado contra um orçamento, então eles têm um interesse direto na manipulação desse orçamento. Eles podem mudar o orçamento para fazer o seu próprio desempenho parecer melhor a fim de reduzir os riscos de fracassar. Onde for possível, a mensuração de desempenho deve incluir sempre medidas externas ou medidas de desempenho relativo, por exemplo, comparação contra outros departamentos ou empresas.

Mecanismos de retorno devem alertar os administradores a entrar em ação. Uma apresentação simples de indicadores-chave de desempenho (KPIs) é a do formato de uma "sinaleira" ou status RAG (*red, amber, green*)[1]. Os resultados de cada medida são apresentados como:

---

[1] Vermelho, âmbar e verde, respectivamente. (N. T.)

- Verde – o desempenho é satisfatório
- Âmbar – é preciso cuidado
- Vermelho – é preciso entrar em ação

É importante limitarmos os itens do status RAG para um número viável, e concentrar a atenção dos administradores na identificação de problemas e tomada de medidas corretivas nas áreas que mais importam na conquista dos seus objetivos finais.

Índices e orçamentos

Nós podemos usar índices financeiros para nos ajudar a monitorar nosso desempenho e ressaltar questões em potencial dentro do nosso orçamento.

Exemplo

Um varejista pode ter a expectativa de realizar uma margem bruta específica. A margem bruta é o lucro bruto (vendas menos custo das vendas) dividido pelas vendas; isso é normalmente expresso como uma percentagem. Se a margem bruta cai abaixo do nível orçado, isso pode indicar um problema. Muitos varejistas também monitoram proximamente os custos de folha de pagamento contra as vendas como um índice de controle-chave. Se as vendas estão baixas, os custos com funcionários têm de ser reduzidos; se as vendas estão em alta, o número de funcionários não é necessariamente aumentado!

Qual o tipo de índice que você poderia usar para ajudá-lo a gerenciar o seu orçamento?

154 Parte 2 – Gerenciando seu orçamento e proporcionando desempenho

Exercício

Analise o relatório do centro de custo abaixo.

1 Como o gerente de orçamento está se saindo no gerenciamento do seu orçamento?

2 Quais são as outras informações que você precisa?

Tabela 7.1

	Mês/Período 9		
Centro de Custos 101	*Real*	*Orçamento*	*Variância*
Folha de pagamento	10.000	9.500	(500)
Pessoal em regime de trabalho temporário	2.000	1.000	(1.000)
Consultoria	1.500	0	(1.500)
Viagens	250	100	(150)
Artigos de escritório	300	200	(100)
Impressão	250	300	50
Total	14.300	11.100	(3.200)
Total gasto a mais em relação ao orçamento		(29%)	

Análise do Centro de Custos 101

É impossível dizer como o centro de custos se saiu. O gerente do centro de custos gastou mais do que o previsto no orçamento para o mês, mas não temos detalhes sobre o que esse centro de custos conseguiu realizar ou os problemas que ele teve de enfrentar. Um centro de custos que gasta mais do que o previsto no orçamento, mas conquista seus objetivos, pode ser considerado melhor gerenciado do que um centro de custos que gasta menos do que o previsto e deixa de alcançar seus objetivos. Gastar mais do que o previsto no orçamento não é necessariamente ruim; fazê-lo sem uma justificativa é.

O relatório cobre apenas um único mês. Nossa visão do desempenho pode ser corrompida por algo acontecendo tarde ou cedo em relação a um orçamento que pode ter sido produzido mais de um ano antes. Uma análise melhor seria focar no desempenho de um ano até a data (YTD – *year to date*). Olhar para trás, para o mês e o ano até a data, pode nos encorajar a sermos reativos enquanto é muito melhor buscar sermos proativos. Isso pode ser alcançado ao refazermos a previsão dos resultados anuais e compará-los ao orçamento anual. Sempre tente prever as variações em vez de descobri-las após o evento, isto vai lhe proporcionar mais tempo e opções para achar uma solução.

Examine o relatório ampliado com o YTD e a previsão do ano inteiro ao lado. No mês 9, o centro de custos estava 29% acima do previsto no orçamento, enquanto para o ano inteiro o gerente do centro de custos acredita que ele estará apenas 2% acima do previsto no orçamento.

Mais de 84% do orçamento do centro de custos é folha de pagamento e é daí também que veio a maior parte da variação. Geralmente, ao gerenciarmos alguns custos grandes cuidadosamente, podemos cumprir com nosso orçamento. Na medida em que a maior parte dos custos do centro de custos é com a folha de pagamento, provavelmente é aí também onde o gerente do centro de custos deve concentrar sua atenção. Ele deve considerar se cada membro de sua equipe está produzindo tudo que ele deve produzir de acordo com o salário, em vez de se preocupar demais sobre os custos fixos.

Gerenciando orçamentos

Não há livro ou curso que possa lhe dizer *exatamente* como gerenciar o seu próprio orçamento. O orçamento foi confiado a você porque, com o seu conhecimento e experiência, você é a pessoa melhor qualificada para gerenciá-lo. Nós reunimos a lista de conferência nas páginas 157-160 para ajudar a orientá-lo em sua tomada de decisões.

Tabela 7.2

Fluxos de caixa descontados para o Projeto A e o Projeto B a 10% e a 20%

Ano	Mês/Período 9			Ano até a data (YTD)			Ano Completo		
	Real	Orçamento	Variância	Real	Orçamento	Variância	Previsão	Orçamento	Variância
Folha de pagamento	10.000	9.500	(500)	87.000	85.500	(1.500)	117.000	114.000	(3.000)
Pessoal em regime de trabalho temporário	2.000	1.000	(1.000)	10.000	9.000	(1.000)	12.000	12.000	0
Consultoria	1.500	0	(1.500)	2.000	2.000	0	3.000	3.000	0
Viagens	250	100	(150)	1.100	900	(200)	1.500	1.200	(300)
Artigos de escritório	300	200	(100)	1.900	1.800	(100)	2.400	2.400	0
Impressão	250	300	50	2.400	2.700	300	3.300	3.600	300
Total	14.300	11.100	(3.200)	104.400	101.900	(2.500)	139.200	136.200	(3.000)
			29%			(2%)			(2%)

Os 13 passos para realizar um melhor gerenciamento de orçamento

1. **Identifique e concentre-se sobre a principal receita e os custos que importam.** Concentre a sua atenção sobre as linhas do orçamento que mais importam. Você pode começar aplicando a regra 80/20: talvez 80% do seu orçamento esteja compreendido em apenas 20% das linhas ou contas do orçamento. (As linhas do orçamento são as rubricas de custos ou receitas no seu orçamento.)

   O gerenciamento dessas grandes linhas de orçamento normalmente terá o maior impacto total. Administradores frequentemente cometem o erro de concentrar-se nos custos onde eles acreditam ter o maior discernimento. Nós temos muitas escolhas e muitas chances de reduzir as despesas com artigos de escritório, mas normalmente isso não terá um grande impacto sobre o nosso desempenho total.

   Em muitos departamentos, o maior orçamento é o custo de folha de pagamento. Frequentemente as pessoas imaginam que não têm controle sobre esses custos e que tanto faz se elas os ignorarem. Se a maior parte do custo no seu orçamento é folha de pagamento, isso significa que a maior parte do seu tempo deve ser passada certificando-se que você está tirando o maior rendimento possível da sua equipe. Uma hora de tempo aplicada no controle de um custo insignificante pode ser melhor investida gerenciando a sua equipe e fazendo com que ela renda mais.

   A mão de obra nem sempre é o principal custo. Nós conhecemos um administrador europeu em uma fábrica chinesa que ficou surpreso com o número alto de funcionários empregados para inspecionar defeitos. Ele queria reduzir esse número, mas as economias em mão de obra eram relativamente baixas em comparação com as economias em materiais com a melhoria de qualidade. Em muitos negócios chineses, mesmo com salários sendo mais valorizados, os materiais ainda são um custo-chave a ser controlado.

2. **Identifique os fatores-chave influenciando as principais receitas e custos e os monitore.** Após você ter identificado os seus principais custos, você precisa identificar e compreender os fatores que influenciam esses custos. (Lembre-se das ideias discutidas no Capítulo 3 relativas a comportamento de custo e ABC.) Você poderia monitorar melhor esses fatores?

   Quanto melhor você compreender o que em última análise influencia os seus custos, melhor será a sua chance de gerenciá-los e reduzi-los.

3. **Identifique os problemas o mais cedo possível – procure por indicadores iniciais de problemas.** Quanto mais cedo você identificar um problema, mais opções você terá para gerenciá-lo. Você consegue prever quais serão suas receitas ou custos antes de chegar até o fim do mês? Tente usar KPIs "adiantados" em vez de KPIs "retardatários" para lhe fornecer um aviso logo de saída. Previsões contínuas e a elaboração de previsões (cobertas no Capítulo 2) encorajam e capacitam você a ser mais proativo e menos reativo.

4. **Confira os relatórios de variância mensal e *explique* variações importantes do orçamento – utilize limites de tolerância para identificar variações importantes.** A diferença entre o desempenho real e o desempenho do orçamento é a variação, e apresentamos mais detalhes a respeito da análise de variações no próximo capítulo. O segredo para um bom uso da análise de variação não é calcular variações, mas explicá-las, chegando à causa subjacente e identificando a ação. Explicar as variações normalmente significa retornar às previsões originais dentro do orçamento e estabelecer o que estava diferente e por quê. Nós podemos empregar uma técnica conhecida como análise de causa raiz.

5. **Analisar tendências.** Nós precisamos identificar se as variações são um problema constante e possivelmente parte de uma tendência, ou se elas são um soluço ocasional. Observar as variações de um ano até a data em vez de apenas o mês provavelmente ajudará mais a identificar tendências.

6. **Não esqueça as diferenças de períodos (*timing*) entre os orçamentos e os gastos reais.** Quando elaboramos o orçamento, nós devemos tentar distribuí-lo o mais precisamente possível ao longo do ano. A cada mês, no entanto, nós teremos variâncias que surgem puramente por que custos ou receitas surgiram em um diferente momento de quando foram orçados. É importante estar consciente dessas variações e ser capaz de explicá-las e levá-las em consideração.

7. **Faça uma nova previsão das receitas e despesas e então, se necessário, tome medidas corretivas o mais cedo possível para cumprir com o orçamento original.** No Capítulo 2, nós cobrimos a importância da previsão, assim como algumas ferramentas e técnicas para ajudá-lo a produzir previsões. A realização de previsões regulares é uma ferramenta importante para nos ajudar a gerenciar orçamentos e replanejar durante o ano.

8. **Dê um tempo para gerenciar o orçamento – veja o orçamento como sendo algo mais do que um relatório financeiro mensal.** Gerenciar o orçamento leva tempo. Aos olhos de alguns administradores, os orçamentos são vistos como um fardo administrativo. O papel do orçamento e sua importância devem ser promovidos para os gerentes de orçamento de maneira que eles devotem um tempo apropriado para essa importante atividade. Tente não pensar no gerenciamento de orçamento como sendo uma atividade que você pode fazer quando você se senta em uma mesa com seus relatórios ao fim de cada mês, mas como a soma de suas atividades de gerenciamento ao longo do mês. As decisões que você tomar dentro do seu trabalho terminarão em última análise no relatório financeiro ao final do mês. Até certo ponto você poderia dizer que você está sempre gerenciando o seu orçamento.

9. **Confie no seu julgamento – você tem o orçamento porque você é um especialista.** Você está gerenciando um orçamento com todas as decisões que você toma dentro do seu trabalho. O orçamento que você tem lhe foi dado porque *você* é o indivíduo mais qualificado para tomar decisões sobre essa parte das atividades da sua organização.

10. **Aprofunde-se nos relatórios: total – detalhe – transação – fonte.** Em muitos sistemas de relatórios, há uma opção para "*drill down*" (aprofundar-se) e conseguir mais informações por trás dos custos registrados no seu departamento. Ao aprofundar-se, normalmente você será capaz de chegar às transações individuais que formam os custos totais dentro de qualquer linha dada do seu orçamento. Algumas dessas transações você achará confusas, na medida em que elas não se relacionarão a ajustes contábeis ou frequentemente "provisões contábeis". Tente se concentrar na identificação das transações sobre as quais você é responsável e assegurar que o seu centro de custos esteja sendo corretamente cobrado por custos que pertencem a ele.

11. **Fique atento a erros e equívocos de codificação.** Em todas as organizações há erros e equívocos de codificação. Quando analisamos nossos relatórios financeiros e encontramos um erro significativo, devemos pedir aos nossos contadores para corrigi-lo. Fazer essas correções toma tempo e recursos. Talvez você encontre erros que sejam pequenos demais para ter qualquer impacto significativo sobre o desempenho, e é melhor para a organização como um todo se você desconsiderá-los. É sempre frustrante ver ser cobrado de seu departamento um custo que não pertence a você, mas tente ignorá-lo e concentre-se sobre as receitas e custos que realmente importam. Se, no entanto, você descobrir que os mesmos erros pequenos estão aparecendo todos os meses, contate os seus contadores e peça a eles para investigar e corrigir esse problema recorrente.

12. Trabalhe com seus colegas do setor de finanças. A equipe de finanças na sua organização está aí para apoiá-lo, de maneira que procure tornar o trabalho dela mais fácil dando o seu apoio. Envie um retorno sobre o desempenho do seu orçamento à equipe e avise-a de quaisquer problemas iminentes tão logo for possível. Faça perguntas à equipe de finanças e busque compreender as respostas de maneira que você não estará fazendo a mesma pergunta no mês seguinte.

13. Busque gerenciar valor e custo. Veja a próxima seção sobre o valor por dinheiro.

O modelo VFM para gerenciar e planejar orçamentos

Nós introduzimos o modelo do valor por dinheiro (VFM) no Capítulo 3. Este é um modelo desenvolvido no setor público do Reino Unido pela Comissão de Auditoria. É exigido dos Órgãos Públicos que demonstrem que estão proporcionando VFM. O modelo tem algumas deficiências, mas mesmo assim ele ainda proporciona uma maneira útil de se pensar a respeito de orçamentos e, mais importante, uma maneira de comunicar a função dos orçamentos e de buscar melhorias no desempenho.

Frequentemente, gerentes e organizações concentram-se nos insumos quando estão estabelecendo e analisando orçamentos. O modelo VFM busca encorajar os gerentes a pensar a respeito da produção e, de maneira mais importante, nos resultados. Os resultados são as consequências das nossas despesas. Essa maneira de pensar é especialmente útil ao considerar a elaboração de orçamentos em centros de custos que tendem a ser mais orientados para os insumos.

Custos – o insumo (custos, ou orçamentos, comprar recursos)

Recursos (recursos proporcionam a produção)

Produção (a produção proporciona os resultados)

Resultados – a consequência das despesas

Diferenciar entre a produção e os resultados pode ser difícil. Um gerente de treinamento pode buscar proporcionar um VFM melhor realizando mais dias de treinamento (produção); no entanto, a consequência do que resulta o treinamento é o resultado.

> **Exemplo**
>
> Pegue os seus próprios orçamentos e liste:
>
> **1** As suas principais rubricas de custos.
>
> **2** Os principais recursos que você compra – isso será frequentemente o tempo da sua equipe.
>
> **3** A produção proporcionada pelos recursos. Eles podem ser quantificados e mensurados?
>
> **4** Os resultados que você está buscando alcançar. Eles podem ser quantificados e mensurados?

Os três Es

O modelo VFM divide-se em três métodos para encontrar melhorias:

- **Economia** – comprar recursos mais barato. Por exemplo, comprar provisões, empreiteiros e horas dos empregados a uma taxa mais barata, mas lembre-se que o mais barato nem sempre é a melhor opção. A economia pode ser descrita pela fórmula: recursos/custo.

- **Eficiência** – produzir mais a partir dos recursos. Por exemplo, conseguir que empreiteiros ou empregados produzam mais pelo mesmo custo total. A eficiência pode ser descrita pela fórmula: produção/recursos.

- **Efetividade** – proporcionar resultados melhores a partir da produção. Por exemplo, não apenas conseguir uma produção maior, mas atingir um resultado final total melhor para o cliente ou a organização. A efetividade pode ser descrita pela fórmula: resultado/produção.

VFM total pode ser descrito por:

$$\text{Economia} \times \text{eficiência} \times \text{efetividade} = \text{VFM}$$

e

$$\text{Recursos/custo} \times \text{produção/recursos} \times \text{resultado/produção} = \text{resultado/custo}$$

Para maximizar o VFM, você tem de maximizar o resultado/custo. A falha nesta fórmula é que os resultados gerais não podem ser quantificados.

Evidência: provando VFM

Um quarto e vitalmente importante "E" não incluído no modelo original é a "evidência". Para demonstrar VFM, nós precisamos provar que nossos esforços estão proporcionando um resultado. Decisões baseadas em evidências estão tornando-se cada vez mais importantes no setor público, particularmente na saúde pública. Na maioria das organizações, justificativas para despesas com evidências de resultados são muito mais fortes. Reunir evidências também pode ajudá-lo a justificar orçamentos no futuro.

Exemplo

Um de nossos clientes é uma importante força policial britânica que levou adiante uma campanha focada em arrombadores. Como parte da campanha, ela fez uso amplo de pôsteres. Os pôsteres não buscavam atingir os arrombadores, e sim o público em geral. Então qual era a finalidade dos pôsteres?

Tradicionalmente, quando as pessoas são perguntadas sobre onde a polícia deve gastar o seu dinheiro, elas invariavelmente responderão "mais policiais". Talvez ao ver mais policiais nas ruas, eles sentem-se mais tranquilos. O custo dessa propaganda poderia ter sido usado talvez para contratar alguns policiais a mais, mas na realidade, essa mudança no número de policiais dificilmente teria sido percebida. Ao gastar o dinheiro nos pôsteres, um impacto maior em termos de tranquilidade do público pôde ser alcançado.

Para julgar a decisão em termos de se ela foi um bom VFM ou não, ela deve ser mensurada contra os objetivos que as despesas estavam tentando atingir. Ao gastar em pôsteres em vez de em policiais extras, a força talvez tenha sido capaz de proporcionar um VFM maior.

Um elemento-chave para se determinar o que é VFM é a mensuração. Você precisa reunir evidências de que as despesas estão proporcionando a produção e resultados que elas deveriam.

Um modelo VFM modificado

Na Figura 7.1, nós modificamos o modelo VFM para incluir "capacidade" como uma consideração. Recursos e custos podem ser reduzidos, mas ao fazermos isto, podemos estar reduzindo nossa capacidade. O custo mínimo pode ser alcançado maximizando a utilização da capacidade, mas ao fazermos isto talvez estejamos correndo o risco de sermos incapazes de atender à demanda. Nós também acrescentamos o quarto "E" – evidência – para lembrar a você que devemos estar sempre buscando demonstrar que estamos proporcionando um retorno de nossas despesas e sempre perguntando como estas despesas contribuem para nossos objetivos.

Exemplo

1. Você conseguiria reduzir os custos reduzindo a capacidade?

2. Você consegue reorganizar os seus recursos (fundamentalmente custos pessoais na maioria das organizações) para ser mais flexível entre os altos e baixos da demanda?

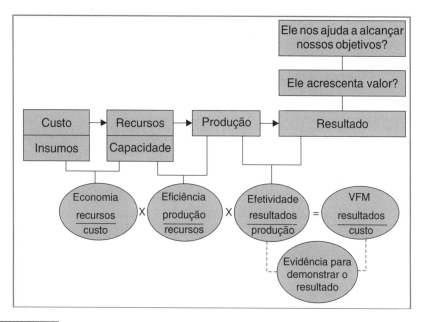

Figura 7.1 O modelo VFM modificado

Economias de custo

Elaborar e gerenciar orçamentos não deveria se limitar a encontrar automaticamente economias de custos, mas administradores frequentemente têm uma meta anual para fazer exatamente isto. Se você está tentando encontrar economias de custos, elas não devem ser à custa do valor, resultado ou resultado final.

Exercício

É muito difícil elaborar uma lista universal de economias de custos para todos os departamentos em todas as organizações. A lista a seguir tenciona levar você a pensar sobre algumas abordagens práticas para gerenciar e reduzir os seus custos. Por que você não pega a lista e trabalha ela com sua equipe?

Tabela 7.3

	Notas *A sua aplicação prática e pensamentos*
Procure por "custos melhores", não necessariamente menos custos.	
A redução de custos nunca deve ser um fim em si mesmo. Quaisquer exercícios em redução de custos devem ser considerados em relação a quanto a ação nos afeta na conquista de nossos objetivos (por exemplo, conseguir uma vantagem competitiva sustentável, proporcionar retornos aos acionistas, manter a estabilidade corporativa).	
Pense e trabalhe com mais inteligência, não mais duro! Talvez este seja um clichê de administração moderno, mas em muitas organizações as pessoas já estão trabalhando horas extras além de seus contratos, e então se concentram no montante de trabalho em vez de no resultado.	
Podemos usar uma abordagem diferente (inovadora)? Onde podemos aprender novas ideias?	
Podemos realizar um *benchmarking* de nós mesmos? Com quem podemos comparar nosso desempenho interna ou externamente? Quem é o melhor no mundo e por quê?	
Os custos de atividades podem ser mensurados. O valor das atividades cabe à administração julgar. Qual atividade mantém você ou sua equipe ocupada, mas proporciona pouco benefício aparente?	

7 ■ De volta ao básico: vivendo dentro do seu orçamento... 165

	Notas *A sua aplicação prática e pensamentos*
A redução de custos também pode concentrar-se em achar maneiras mais baratas para desempenhar atividades. Custos podem ser reduzidos cortando atividades ou reduzindo a complexidade delas, mas ao fazer isto, é importante levar em consideração o valor do que abrimos mão.	
Reduzir custos pequenos proporciona recompensas pequenas. Portanto, é melhor nos concentrarmos em custos controláveis grandes.	
Encorajar a consciência de custos nos outros (mas preferivelmente não a mesquinhez). Isso pode ser feito através de uma delegação apropriada da responsabilidade quanto aos custos.	
Ao delegar responsabilidade quanto aos custos, tente incluir a responsabilidade quanto aos custos do fracasso – o custo das coisas dando errado.	
Reconheça os custos potenciais de um excesso de especificações, assim como uma carência de especificações.	
Nunca seja arbitrário em relação à redução de custos ou cortes de orçamento. Sempre seja deliberado. Exemplos de cortes de orçamento arbitrários incluem congelamentos gerais sobre horas extras e contratações, assim como reduções percentuais de orçamento generalizadas.	
Um melhor planejamento agora pode poupar custos a longo prazo. Por exemplo, qual planta e equipamentos o projeto/contrato precisará? Organizá-los agora pode significar que possamos obtê-los a um preço mais baixo.	
Planeje (para mudança!). Tente evitar cortar custos em uma crise. Tente prever problemas e seja proativo em vez de reativo. Identifique economias possíveis e prioridades cedo.	

	Notas *A sua aplicação prática e pensamentos*
Planeje (para mudança!). Tente evitar cortar custos em uma crise. Tente prever problemas e seja proativo em vez de reativo. Identifique economias possíveis e prioridades cedo.	
Ao delegar o gerenciamento de custos, assegure-se que a equipe tenha claro em mente as metas, objetivos e prioridades da organização e departamento.	
Em alguns casos, custos podem ser reduzidos através da substituição de recursos, isto é, substituir recursos por outros mais baratos.	
Identifique e reduza a duplicação de esforços e atividades.	
Identifique recursos mal aproveitados e libere-os para outras partes da organização.	
O gerenciamento de custos é para o benefício da organização, não a divisão ou departamento.	
Evite fazer economias à custa de outras divisões/áreas/departamentos, mas torne outras divisões/áreas/departamentos responsáveis por seus custos.	
Promova e copie ideias de redução de custos bem-sucedidas.	
Aprenda a partir da experiência. Compreenda e explique variâncias de custos.	
Planeje custos e realize novas previsões ao longo do ano ou contrato. Concentre-se em ser o mais preciso possível em relação aos custos principais.	
Trabalhe com clientes e/ou fornecedores para encontrar economias conjuntas.	
Trabalhe com outras organizações não rivais através de "alianças estratégicas".	
Trabalhe em busca de uma melhoria contínua. Mesmo se a sua organização for a melhor, as outras estão ficando melhores, de maneira que você procura melhorar também.	

8

Fazendo sentido do custo-padrão e variações

Talvez você esteja usando um sistema de custos-padrão e inicialmente isso pode ser confuso. Como você pode encontrar sentido nas variações e gerenciá-las efetivamente?

Fazendo sentido de variâncias

A análise das variações é o processo de se analisar e explicar as diferenças entre o orçamento original e o desempenho real. Você poderia acreditar que o orçamento original é sempre a resposta "certa", mas este é um número que pode ter sido derivado 18 meses antes e está desatualizado agora. Ao fazermos referência às estimativas originais no orçamento, podemos explicar e gerenciar o desempenho melhor. A análise das variações não deve tratar da atribuição de culpas, e sim sobre a compreensão das razões.

Uma técnica que pode ser aplicada é conhecida como a "análise de causa raiz". Nessa técnica, você faz a pergunta "por quê?" várias vezes – a meta final é chegar à causa raiz da variação.

Custo-padrão

O custo-padrão é um sistema de custeio onde unidades de produção são avaliadas a um custo-padrão. A diferença entre os custos reais incorridos e os custos orçados ou padrão é a variação.

Se você opera um sistema de custo-padrão, o cálculo das variações pode ser automatizado. Calcular a variação é apenas metade da história, o que é mais importante é a causa da variação. Uma vez que nós tenhamos determinado a causa, então é possível trabalhar alguma medida corretiva para gerenciar a variação.

O custo-padrão funciona bem em negócios que fabricam grandes quantidades dos mesmos produtos. Ele não funciona tão bem para negócios que produzem produtos feitos sob medida.

Uma série de críticas é feita ao custo-padrão, incluindo:

- Talvez seja difícil estabelecer exatamente qual deva ser o custo.
- O custo-padrão pode ser manipulado para apresentar uma meta desafiadora ou fácil.
- Custos e circunstâncias podem mudar. Custos-padrão podem tornar-se rapidamente desatualizados, particularmente com preços de mercadorias voláteis e custos de materiais variáveis.
- Custos-padrão podem ser usados para a tomada de decisões. Se o padrão estiver incorreto, a decisão errada pode ser tomada.

Em muitas indústrias, onde o custo-padrão pode ser apropriado, tende a haver um alto nível de automação ou processos-padrão resultando em muito pouca variação em custos de mão de obra.

Com a maioria de nossos clientes fabricantes a variação-chave é normalmente a variação de preço de compra (PPV – *purchase price variance*). Esta é a diferença entre o preço-padrão dos materiais e o preço real.

Decomposição de variações

A decomposição completa de variações depende da abordagem em relação ao custeio (particularmente em relação à recuperação de despesas indiretas). Frequentemente análises de variações complexas terminam deixando administradores confusos. Relatórios confusos têm mais chance de serem deixados de lado. Nós recomendamos que você mantenha a análise simples e concentre-se nas variações maiores que podem ser administradas.

Uma decomposição de variações simples é feita como a seguir.

Variações de vendas

- **Preço de vendas** – os preços de venda médios são mais altos ou mais baixos do que o orçamento.
- **Volume de vendas** – o lucro ganho ou perdido de volumes de vendas é mais alto ou mais baixo do que o orçamento.
- **Mix de vendas** – mix de vendas de produtos é diferente do esperado, resultando em margens brutas diferentes.

Mão de obra

- **Taxa de mão de obra** – taxa de mão de obra por hora maior ou menor do que o orçamento.
- **Uso da mão de obra** (eficiência) – mais ou menos horas de mão de obra usadas do que deveria haver para o volume de produção.

Materiais

- Preço dos materiais.
- Uso dos materiais.

Despesas indiretas

A análise da variação de despesas indiretas pode ser complexa se você recuperar despesas indiretas absorvidas no custo do produto (ver Capítulo 3 para uma descrição da recuperação de despesas indiretas). Você pode simplesmente perguntar a si mesmo se as despesas indiretas totais são mais ou menos do que elas deveriam ser e por quê.

> **Dicas**
>
> **1.** Referir-se a uma variação como sendo positiva ou negativa pode ser ambíguo às vezes – é melhor referir-se às variâncias sendo ganhos ou perdas.
>
> **2.** Explique as variações a fim de gerenciá-las, não para culpar as pessoas! O processo de explicar as variações pode ajudar a detectar erros. Tente a técnica da análise de causa raiz previamente descrita. Faça a pergunta "por quê?" várias vezes para tentar chegar à causa subjacente.

Exemplo

Custos de funcionários temporários estão acima do orçamento:

- Por quê? Os custos dos funcionários temporários foram aumentados para cobrir ausências na equipe em uma época de muito trabalho.

- Por que ocorreram ausências na equipe? Porque eles estavam participando de um curso de treinamento.

- Por que eles tinham de participar deste curso em um período de muito trabalho? Porque...

Exemplo de uma análise de variações simples

> **Barry's Boxes**
>
> A Barry's Boxes fabrica caixas especiais para a indústria eletrônica. Cada caixa tem o seguinte custo-padrão ou esperado:
>
> | | | |
> |---|---|---:|
> | Mão de obra | 3 horas @ £ 5 por hora = | £ 15 |
> | Materiais | 2 kg @ £ 3 por kg = | £ 6 |
> | | | £ 21 |
>
> A cada mês a empresa espera manufaturar 100 caixas.
> O orçamento para um mês foi:
>
> | | |
> |---|---:|
> | Mão de obra | £ 1.500 |
> | Materiais | £   600 |
> | | £ 2.100 |
>
> Os custos reais foram:
>
> | | |
> |---|---:|
> | Mão de obra | £ 1.860 |
> | Materiais | £   630 |
> | | £ 2.490 |

Pergunta

O que poderia ter causado a diferença entre o custo real e o orçamento?

As despesas mais altas não são necessariamente algo ruim. Pode muito bem ser porque a empresa fabricou mais caixas. Quando comparamos os custos reais com o orçamento original, precisamos ajustar o orçamento original para o volume de produtos fabricados.

Durante o mês, 100 caixas foram feitas como planejado.

Os custos de mão de obra foram compostos de 310 horas @ £ 6 por hora. (10 horas mais foram usadas do que deveriam ter sido; a mão de obra foi paga a £ 1 extra por hora.)

Os custos de materiais foram compostos de 180 kg @ £ 3,50 por quilo. (20 kg menos de materiais foram usados; o material custou um extra £ 0,50 por quilo.)

Pergunta

Você consegue explicar a variação abaixo?

Tabela 8.1

	Real	Orçamento	Variância	
	A	B	B – A	
Mão de obra	£ 1.860	£ 1.500	(£ 360)	gasto em excesso
Materiais	£ 630	£ 600	(£ 30)	gasto em excesso
	£ 2.490	£ 2.100	(£ 390)	gasto em excesso

Resposta

Variância da taxa de mão de obra	£ 1 x 310 =	(310)	gasto em excesso
Variância do uso da mão de obra	£ 5 x 10 =	(50)	gasto em excesso
		(360)	gasto em excesso

Variância no preço dos materiais	0,5 x 180 =	(90)	gasto em excesso
Variância no uso de materiais	3 x 20 =	60	(gasto abaixo do orçado)
		(30)	gasto em excesso

Análise

- Horas extras tiveram de ser trabalhadas devido à quebra de uma máquina.
- Horas extras foram causadas pelo tempo ocioso enquanto a máquina era reparada.
- O preço dos materiais foi aumentado inesperadamente à medida que as provisões se tornaram limitadas devido a uma greve de estivadores.
- Um melhor treinamento valeu a pena com um desperdício reduzido causando um uso de materiais mais baixo do que o esperado.

Nós poderíamos nos concentrar no aspecto numérico da análise de variações, mas o que é realmente mais importante é o que a causou em primeiro lugar e como ela pode ser gerenciada.

O conhecimento de que temos uma variação na taxa de mão de obra ou no uso de materiais não nos diz nada se não pudermos compreender a razão por que as variâncias surgiram. Uma vez que tenhamos compreendido isto, nós podemos tomar algumas medidas para gerenciá-las.

O conhecimento de que a variância da taxa de mão de obra foi causada por horas extras devido à quebra de uma máquina, e que a eficiência da mão de obra foi reduzida pela mesma razão, nos diz que possivelmente deveríamos estar gastando mais na manutenção de nossas máquinas.

Análise de variação prática sem custo-padrão

Mesmo sem o custo-padrão, ainda teremos variâncias que precisam ser explicadas. Não se concentre no cálculo de variações. Concentre-se em explicá-las e identificar medidas corretivas adequadas. A análise de variações não diz respeito a cálculos matemáticos complicados, tampouco diz respeito a dar desculpas. Ela consiste em identificar problemas e tomar medidas práticas para solucioná-los.

Seguindo a crise econômica global de 2008, muitas empresas experimentaram uma queda nas suas vendas. Talvez em muitos negócios os relatórios de análise de variação mensal explicaram as variações de vendas como sendo fruto de fatores externos que eles não tinham como gerenciar.

Uma investigação mais aprofundada das variações poderia ter indicado quais os tipos de produtos e clientes foram mais afetados pela crise.

Quem sabe essa análise poderia sugerir então onde uma empresa poderia focar novamente seus esforços para ganhar vendas dos setores e produtos menos afetados?

A análise de variações (com ou sem custo-padrão) tem muitos dos problemas gerais associados com orçamentos. As principais questões são:

- Comparações estão sendo feitas em relação a uma meta gerada internamente.
- As variações são históricas, encorajando uma abordagem reativa.

Seria melhor tentar julgar o desempenho em relação a medidas externas. E então tentar fazer a análise mais voltada para o futuro, prevendo problemas de modo antecipado, para criar algumas soluções iniciais.

Exercício

Best Budget Training Services é um novo negócio de treinamento começando em dezembro do ano atual 20X2, com o primeiro ano do seu orçamento começando a partir de janeiro de 20X3.

- Parte 1 – leia a previsão para o ano abaixo e crie uma demonstração do resultado e um fluxo de caixa orçados para o primeiro ano de operação da empresa.

- Parte 2 – analise o desempenho da empresa para outubro 20X3 em relação ao orçamento e então analise algumas das variações-chave a serem investigadas.

Respostas para ambas as partes do exercício são fornecidas, de maneira que você também possa usá-lo para treinamento ou para conferir os seus próprios métodos.

Parte 1: Descrição do negócio/previsões

A empresa planeja dar cursos de treinamento em locais contratados com treinadores *freelances* que serão pagos somente para os cursos que eles darão. Cada curso deve ter em torno de 10 delegados (participantes). As despesas indiretas serão mantidas baixas, na medida em que os proprietários (os únicos empregados) receberão um pequeno salário cada um; eles operam o negócio de suas casas. No primeiro ano, eles esperam obter um pequeno lucro.

Parte 2: Análise

Após 10 meses de operação, o negócio está tendo um desempenho ruim. A demonstração de resultado analisada em relação ao orçamento e à última previsão são dados na p. 178. Sobre quais questões e variâncias-chave os proprietários devem se concentrar?

Os lucros estão baixos porque as vendas estão baixas e os custos estão em alta em relação ao orçamento. A empresa tem menos delegados no seu programa e está cobrando menos por delegado. A taxa de orçamento para um delegado era de £ 250 e a média para outubro é de somente £ 220. Mesmo que as vendas estejam baixas, a empresa está operando mais cursos do que o orçado, fazendo com que o custo por curso suba. Ela também está gastando mais por delegado.

Custos fixos estão acima do orçamento; isto é fundamentalmente devido a um aumento das despesas com promoção. Para explicar essa variação, nós precisaríamos comparar o plano original para despesas promocionais com o que foi realmente gasto.

Best Budget Training Services

Tabela 8.2 | Plano de orçamento e estimativas

20X3

	Jan	Fev	Mar	Abril	Maio	Junho	Julho	Ago	Set	Out	Nov	Dez	Total
Cursos planejados	1	2	3	5	6	7	5	2	6	6	6	3	52
Delegados esperados	10	20	30	50	60	70	50	20	60	60	60	30	520
3 cursos com 30 delegados no total são esperados para janeiro 20X4													
Custos esperados / receita	£												
Taxa por lugar no curso	250												
Taxas são pagas pelos clientes um mês adiantado													
Todos os custos exceto o aluguel e a promoção são pagos no mês corrente. O aluguel é pago anualmente em janeiro e a promoção é paga um mês em atraso.													
Custos variando por delegado													
Materiais dos delegados	5												
Refrescos	20												
Custos variando por curso													
Locais	300												
Taxa dos instrutores	500												
Custos fixos mensais													
Equipe de vendas	1.200												
Pessoal administrativo	1.500												
Aluguel	1.000												
Promoção	2.000												

Best Budget Training Services

Tabela 8.3 Demonstração do resultado orçada (£)

	20X2 Dez	20X3 Jan	Fev	Mar	Abr	Mai	Jun	Julho	Ago	Set	Out	Nov	Dez	Total
Cursos planejados	1	1	2	3	5	6	7	5	2	6	6	6	3	52
Delegados esperados		10	20	30	50	60	70	50	20	60	60	60	30	520
Receita de vendas		2.500	5.000	7.500	12.500	15.000	17.500	12.500	5.000	15.000	15.000	15.000	7.500	130.000
Refrescos		(200)	(400)	(600)	(1.000)	(1.200)	(1.400)	(1.000)	(400)	(1.200)	(1.200)	(1.200)	(600)	(10.400)
Materiais dos delegados		(50)	(100)	(150)	(250)	(300)	(350)	(250)	(100)	(300)	(300)	(300)	(150)	(2.600)
Custos variando por curso														
Locais		(300)	(600)	(900)	(1.500)	(1.800)	(2.100)	(1.500)	(600)	(1.800)	(1.800)	(1.800)	(900)	(15.600)
Taxas dos instrutores		(500)	(1.000)	(1.500)	(2.500)	(3.000)	(3.500)	(2.500)	(1.000)	(3.000)	(3.000)	(3.000)	(1.500)	(26.000)
Custo de vendas		(1.050)	(2.100)	(3.150)	(5.250)	(6.300)	(7.350)	(5.250)	(2.100)	(6.300)	(6.300)	(6.300)	(3.150)	(54.600)
Lucro bruto (vendas menos custo das vendas)		1.450	2.900	4.350	7.250	8.700	10.150	7.250	2.900	8.700	8.700	8.700	4.350	75.400
Margem bruta (lucro bruto / vendas)		58%	58%	58%	58%	58%	58%	58%	58%	58%	58%	58%	58%	58%
Custos fixos mensais														
Equipe de vendas		(1.200)	(1.200)	(1.200)	(1.200)	(1.200)	(1.200)	(1.200)	(1.200)	(1.200)	(1.200)	(1.200)	(1.200)	(14.400)
Pessoal administrativo		(1.500)	(1.500)	(1.500)	(1.500)	(1.500)	(1.500)	(1.500)	(1.500)	(1.500)	(1.500)	(1.500)	(1.500)	(18.000)
Aluguel		(1.000)	(1.000)	(1.000)	(1.000)	(1.000)	(1.000)	(1.000)	(1.000)	(1.000)	(1.000)	(1.000)	(1.000)	(12.000)
Promoção		(2.000)	(2.000)	(2.000)	(2.000)	(2.000)	(2.000)	(2.000)	(2.000)	(2.000)	(2.000)	(2.000)	(2.000)	(24.000)
Custos fixos totais		(5.700)	(5.700)	(5.700)	(5.700)	(5.700)	(5.700)	(5.700)	(5.700)	(5.700)	(5.700)	(5.700)	(5.700)	(68.400)
Lucro		(4.250)	(2.800)	(1.350)	1.550	3.000	4.450	1.550	(2.800)	3.000	3.000	3.000	(1.350)	7.000
Margem de lucro (lucro/vendas)		(170%)	(56%)	(18%)	12%	20%	25%	12%	(56%)	20%	20%	20%	(18%)	5%

8 ■ Fazendo sentido do custo-padrão e variações 177

Best Budget Training Services

Tabela 8.4 Fluxo de caixa orçado (£)

	20X2	20X3											
	Dez	Jan	Fev	Mar	Abr	Mai	Jun	Jul	Ago	Set	Out	Nov	Dez
Receitas de clientes	2.500	5.000	7.500	12.500	15.000	17.500	12.500	5.000	15.000	15.000	15.000	7.500	7.500
Pagamentos													
Materiais de delegados		(50)	(100)	(150)	(250)	(300)	(350)	(250)	(100)	(300)	(300)	(300)	(150)
Refrescos		(200)	(400)	(600)	(1.000)	(1.200)	(1.400)	(1.000)	(400)	(1.200)	(1.200)	(1.200)	(6,00)
Locais		(300)	(600)	(900)	(1.500)	(1.800)	(2.100)	(1.500)	(600)	(1.800)	(1.800)	(1.800)	(900)
Taxa dos instrutores		(500)	(1.000)	(1.500)	(2.500)	(3.000)	(3.500)	(2.500)	(1.000)	(3.000)	(3.000)	(3.000)	(1.500)
Equipe de vendas		(1.200)	(1.200)	(1.200)	(1.200)	(1.200)	(1.200)	(1.200)	(1.200)	(1.200)	(1.200)	(1.200)	(1.200)
Pessoal administrativo		(1.500)	(1.500)	(1.500)	(1.500)	(1.500)	(1.500)	(1.500)	(1.500)	(1.500)	(1.500)	(1.500)	(1.500)
Aluguel		(12.000)	0	0	0	0	0	0	0	0	0	0	0
Promoção		0	(2.000)	(2.000)	(2.000)	(2.000)	(2.000)	(2.000)	(2.000)	(2.000)	(2.000)	(2.000)	(2.000)
Fluxo de caixa para o mês	2.500	(10.750)	700	4.650	5.050	6.500	450	(4.950)	8.200	4.000	4.000	(3.500)	(350)
Saldo de abertura	0	2.500	(8.250)	(7.550)	(2.900)	2.150	8.650	9.100	4.150	12.350	16.350	20.350	16.850
Saldo final	2.500	**(8.250)**	**(7.550)**	**(2.900)**	2.150	8.650	9.100	4.150	12.350	16.350	20.350	16.850	16.500

Best Budget Training Services

Tabela 8.5 Demonstração do resultado orçada (£)

	Mês: Outubro 20X3			YTD 10 meses até outubro 2013			Ano Completo		
	Real	Orçamento	Variância	Real	Orçamento	Variância	Real	Orçamento	Variância
Cursos	7	6	1	45	43	2	55	52	3
Delegados	50	60	(10)	420	430	(10)	500	520	(20)
Vendas	11.000	15.000	(4.000)	100.800	107.500	(6.700)	120.000	130.000	(10.000)
Custos variando por delegado									
Materiais dos delegados	(400)	(300)	(100)	(3.360)	(2.150)	(1.210)	(4.000)	(2.600)	(1.400)
Refrescos	(1.050)	(1.200)	150	(8.820)	(8.600)	(220)	(10.500)	(10.400)	(100)
Custos variando por curso									
Locais	(2.450)	(1.800)	(650)	(15.750)	(12.900)	(2.850)	(19.250)	(15.600)	(3.650)
Taxa dos Instrutores	(3.430)	(3.000)	(430)	(22.050)	(21.500)	(550)	(26.950)	(26.000)	(950)
Custo das vendas	(7.330)	(6.300)	(1.030)	(49.980)	(45.150)	(4.830)	(60.700)	(54.600)	(6.100)
Lucro bruto (vendas menos custo das vendas)	3.670	8.700	(5.030)	50.820	62.350	(11.530)	59.300	75.400	(16.100)
Margem bruta (lucro bruto / vendas)	33%	58%		50%	58%		49%	58%	
Custos fixos mensais									
Equipe de vendas	(1.300)	(1.200)	(100)	(13.000)	(12.000)	(1.000)	(15.600)	(14.400)	(1.200)
Pessoal administrativo	(1.400)	(1.500)	100	(14.000)	(15.000)	1.000	(16.800)	(18.000)	1.200
Aluguel	(1.000)	(1.000)	0	(10.000)	(10.000)	0	(12.000)	(12.000)	0
Promoção	(2.200)	(2.000)	(200)	(24.000)	(20.000)	(4.000)	(26.400)	(24.000)	(2.400)
Custos fixos totais	(5.900)	(5.700)	(200)	(61.000)	(57.000)	(4.000)	(70.800)	(68.400)	(2.400)
Lucro	(2.230)	3.000	(5.230)	(10.180)	5.350	(15.530)	(11.500)	7.000	(18.500)
Margem de lucro (lucro / vendas)	(20%)	20%		(10%)	5%		(10%)	5%	

9

Riscos, previsões, *balanced scorecards* e KPIs

Um orçamento melhor significa ir um pouco mais longe, não apenas ficar limitado a fazer economias e realizar mais. Quais medidas podemos introduzir para melhorar nossa abordagem para a elaboração de orçamentos? Como novas previsões e Indicadores-Chave de Desempenho (KPIs) podem nos ajudar?

O *balanced scorecard* e mapas de estratégia

Nós introduzimos o *balanced scorecard* no Capítulo 1, e muitas organizações importantes o utilizam. O *balanced scorecard* foi desenvolvido pelo Professor Robert Kaplan e o Dr. David Norton em 1992. Ele inclui uma série de medidas estratégicas simples com KPIs.

Cada KPI pode ser aplicado de cima para baixo dentro da organização e integrado aos orçamentos. O ideal seria que os administradores fossem capazes de remontar suas ações e medidas às metas, estratégia e objetivos globais da organização. O *balanced scorecard* deve traduzir estratégia em medida de desempenho e produção.

Kaplan e Norton sugerem que as medidas são divididas em quatro perspectivas equilibradas, sendo estas:

1 **Financeiro** – quais são as medidas financeiras de alto nível?

2 **Clientes** – como os clientes nos veem?

3 **Processos de negócios internos** – em que precisamos nos sobressair?

4 **Aprendizado e motivação** – onde nós podemos continuar a melhorar?

Cada perspectiva normalmente teria em torno de quatro ou cinco medidas-chave. O modelo do *balanced scorecard* não é prescritivo – você pode escolher perspectivas que sejam melhores para o seu próprio negócio. Por exemplo, a maior varejista do Reino Unido, Tesco, tem um "volante" em vez de um *balanced scorecard* com cinco perspectivas – sendo estas:

1 Financeira;

2 Clientes;

3 Operações;

4 Pessoas;

5 Comunidade.

O *balanced scorecard* padrão tem apenas as quatro perspectivas equilibradas comparadas com as cinco da Tesco. Mas não importa quantas perspectivas uma empresa listar, a perspectiva financeira ainda está no topo!

A adição notável e interessante para a Tesco é a "comunidade", e é fácil de ver como a maior varejista do Reino Unido e terceira no mundo precisa vender a si mesma para as comunidades nas quais ela opera. Qual poderia ser a "perspectiva" extra especial para a sua organização?

Talvez você não tenha um *balanced scorecard* dentro da sua organização, embora você provavelmente tenha alguns KPIs. Idealmente, assim como com o *balanced scorecard*, alguns dos seus KPIs devem ser vinculados em última análise à estratégia da sua organização. Quando você gerencia os seus orçamentos, não se trata apenas de um caso de gerenciamento de custos, também é uma questão de realizar os KPIs.

Exemplos da vinculação de KPIs à estratégia

- Uma empresa pode ter um plano estratégico para reter e ganhar clientes proporcionando um serviço superior ao cliente. Faria sentido para essa empresa projetar medidas em torno de como o serviço ao cliente é percebido pelos clientes em relação aos competidores. O estágio seguinte é estabelecer uma meta para esta medida ser alcançada ou melhorada.

- A empresa pode buscar ganhar uma vantagem competitiva ao ser a maior fornecedora dentro de um determinado mercado. Sob esse critério, faz sentido ter medidas baseadas em torno da participação de mercado em relação aos competidores.

Exercício

1 Você, ou outros administradores na sua organização, tem KPIs que estejam vinculados à estratégia da organização?

2 Se não estão, como poderiam estar?

Em 2004, Kaplan e Norton desenvolveram mais suas ideias com "mapas de estratégia".[1]

O mapa de estratégia é um diagrama das metas estratégicas da organização expondo o que tem de ser alcançado em cada perspectiva a fim de alcançar os objetivos globais da organização. Esses mapas normalmente incluem *links* entre as metas em diferentes perspectivas. Por exemplo, um mapa pode apresentar uma meta para melhorar o serviço ao cliente (perspectiva do cliente) através da melhoria das habilidades de serviço ao cliente da equipe de funcionários (perspectiva de aprendizagem e inovação).

Mapas de estratégia foram desenvolvidos depois dos *balanced scorecards* e, portanto, são frequentemente vistos como um acréscimo ou um extra. Apesar disso, eles deveriam na realidade preceder a construção de um *balanced scorecard*.

KPIs e orçamentos

Exemplo

Uma lanchonete poderia ser capaz de cortar custos com sua equipe de funcionários facilmente – mas ao fazer isto, eles poderiam então prejudicar a velocidade do serviço. A velocidade poderia ser a exigência-chave dos clientes, de maneira que prejudicando a velocidade do serviço, vendas seriam perdidas. Seria melhor desafiar o gerente da lancheria a reduzir os custos, mas também realizar uma série de KPIs.

---

[1] Kaplan, R. e Norton, D. (2004) *Strategy Maps: Converting Intangible Assets into Tangible Outcomes*, Harvard Business School Press.

> **Exercício**
>
> **1** Quais são os KPIs usados dentro da sua organização ou departamento?
>
> **2** Como você integra a realização dos KPIs dentro da elaboração e gerenciamento dos seus orçamentos?
>
> **3** Você consegue definir a produção e resultados-chave (os resultados da produção) que seu departamento ou unidade precisa obter para ajudar a atingir os objetivos da organização?
>
> **4** Você consegue expressar essa produção e resultados-chave como um único KPI? Se você gerenciar outros, talvez você consiga estabelecer alguns KPIs simples junto ao orçamento.

Declarações de valores, missão e visão – e orçamentos

Declarações de valores, missão e visão podem parecer muito distantes do papel do gerente de orçamento, mas devem ser vistas como fundamentalmente importantes se forem genuinamente seguidas pela organização.

Declarações de valor, missão e visão são adoradas por grandes companhias querendo expressar alguns grandes ideais e ambições. Se essas declarações forem verdadeiras, então os orçamentos deveriam ser vinculados retroativamente ao que realmente acontece na organização. Frequentemente, no entanto, essas declarações significam muito pouco e tendem a não ser conhecidas ou compreendidas pelos administradores. As declarações muitas vezes incluem lugares-comuns que poderiam ser aplicados a qualquer organização.

Jack Welch, o ex-CEO da General Electric, tem pouco tempo para esses tipos de declarações. Ele acredita que declarações e valores devem ser substituídos por declarações a respeito de comportamentos. Portanto, as organizações devem perguntar a si mesmas: "Qual comportamento nós queremos que nossos administradores exibam?". Demonstrar este comportamento oferece recompensas, mas no duro mundo corporativo dos Estados Unidos, fracassar ao demonstrar o comportamento preferido pode resultar em uma penalidade, até uma dispensa.

Uma declaração de missão é uma declaração de por que uma organização existe. Uma declaração de visão é uma declaração sobre onde a empresa vê a si mesma no futuro. Essas declarações frequentemente falam de excelência e integridade como sendo virtudes-chave na organização. Talvez o que realmente importe seja como essas virtudes são demonstradas.

Idealmente, declarações de visão devem incluir algumas medidas relativas. Aqui temos a declaração de visão de uma companhia de petróleo tailandesa, a PTT. Cada elemento da sua declaração de visão é expresso em uma forma relativa e quantificável. Isso proporciona aos administradores dentro da PTT uma meta clara do que a empresa busca conquistar e quando isso deverá acontecer. Estratégias e orçamentos devem ser formulados então com o objetivo de alcançar estes objetivos quantificados de longo prazo.

A visão da PTT

A PTT será:

1 **GRANDE** – uma empresa em escala mundial a ser listada na Fortune 100[2] em 2020.

2 **DURADOURA** – uma empresa com crescimento sustentável a ser listada na DJSI[3] em 2013.

3 **FORTE** – excelência operacional para alcançar um desempenho de quartil superior (em relação aos pares) em 2020.

Fonte: Relatório e contas anuais PTT 2010.

Todas essas declarações têm medidas claramente quantificáveis. Cada medida inclui um *benchmarking* em relação a outras empresas e assim elas são, portanto, medidas de desempenho relativo. Se outras empresas melhoram o seu desempenho, então a PTT precisa melhorar para se manter "no páreo".

Exercício

Você acredita que alguma destas declarações poderia capturar a imaginação dos empregados para influenciar sua motivação, tomada de decisões e elaboração de orçamentos?

- Fujifilm – "Mate a Kodak".
- Komatsu Limited (equipamentos de construção e mineração) – "Envolva a Caterpillar".

---

[2] Fortune 100 (100 maiores empresas negociadas publicamente por receita bruta no mundo). A PTT planeja aumentar sua receita bruta para mais de US$ 140 bilhões, de maneira que o lucro talvez seja uma meta melhor.

[3] DJSI – *Dow Jones Sustainability Indexes* (Índices de Sustentabilidade do Dow Jones) – acompanham o desempenho de empresas orientadas pela "sustentabilidade".

A frase sucinta "Mate a Kodak" pode soar um pouco engraçada, mas também ligeiramente chocante. As declarações tanto para a Fujifilm quanto para a Komatsu tentam quantificar o sucesso de outra maneira do que superar seu principal competidor global.

Provavelmente seja inaceitável usar esse tipo de declaração na maioria das organizações, mas vale a pena considerar que o sucesso da sua organização ocorre provavelmente à custa dos seus competidores. Como você pode comunicar essa mensagem com facilidade para os empregados? Assim como as declarações acima, quanto menos palavras, mais clara é a mensagem.

Exercício

1 A sua organização tem declarações sobre valores, missão e visão? Se ela tem, você sabe quais são as declarações e como estas relacionam-se com como você elabora e gerencia os seus orçamentos? (Declarações de valores, missão e visão podem ser normalmente encontradas no início dos relatórios e contas anuais de grandes sociedades limitadas públicas.)

2 Se as organizações quiserem realizar a sua visão, elas têm de comunicá-la eficazmente aos empregados que a realizarão. Os valores, missão, visão e estratégia da organização devem ser integrados na elaboração e gerenciamento dos orçamentos. Como estas questões podem ser mais bem comunicadas dentro da sua própria organização?

Riscos e orçamentos

Risco é a probabilidade de um evento ocorrer multiplicado pelo custo ou impacto caso ele ocorra. A única maneira de evitar todo o risco nos negócios é não se envolver em negócios de maneira alguma. Fazer negócios significa correr riscos, mas os riscos que uma empresa corre devem ser proporcionais aos retornos em potencial. Diferentes negócios têm diferentes apetites para o risco. Se uma empresa evita todo o risco, ela potencialmente paralisará o negócio. Em muitas indústrias, a mudança e a incerteza aumentaram em anos recentes, desse modo aumentando o risco.

Para incorporar riscos dentro de orçamentos, nós precisamos identificar eventos em potencial, sua probabilidade e seu impacto. Estes podem ser formalmente listados em um diário e gerenciados.

Também é importante encorajar os administradores a pensar sobre os riscos em seu gerenciamento cotidiano do orçamento. Eles deveriam estar se perguntando: "O que poderia acontecer e qual seria a consequência?". É impossível planejar para o desconhecido e o inesperado; *é possível* encorajar os administradores a serem sensíveis à mudança. A adoção da realização de novas previsões e previsões contínuas (como descrito no Capítulo 2) pode encorajar os administradores a identificar riscos mais cedo e, portanto, identificar as medidas apropriadas.

Abordagens em potencial em relação a riscos são:

- Evitar riscos – eliminar riscos.
- Redução de riscos – reduzir a probabilidade do evento ou mitigar seu impacto.
- Compartilhamento ou transferência de riscos – faça com que outras organizações assumam todo ou parte do risco.
- Aceitação do risco.

Exercício

Pense a respeito da sua própria organização e departamento. Faça uma lista dos principais riscos (os eventos e seu impacto) para cada, resuma como são esses riscos e como eles poderiam ser gerenciados ou mitigados.

Exemplos

- **Risco** – um cliente pode ir à falência.
- **Solução** – riscos podem ser reduzidos com um seguro de crédito.
- **Risco** – uma empresa contratada pode atrasar a entrega de um projeto.
- **Solução** – o contrato pode incluir uma penalidade por uma entrega tardia.
- **Risco** – o investimento em uma fábrica ou máquina não é completamente recuperado devido a um número de pedidos de clientes abaixo do esperado.
- **Solução** – fazer um contrato com clientes determinando níveis mínimos de pedidos antes de se comprometer com o investimento, ou faça com que os clientes financiem diretamente o investimento.
- **Risco** – uma companhia aérea assume um risco em relação aos preços futuros de combustíveis.

- **Solução** – fazer um contrato para comprar combustível a uma taxa fixa por um determinado período no futuro. Mas tenha cuidado, o tiro pode sair pela culatra. Em 2008/09, os preços dos combustíveis caíram resultando em grandes perdas para uma série de companhias aéreas que haviam feito *hedge* dos preços: a Cathay Pacific perdeu quase US$ 1 bilhão com o *hedge* de preços de combustível.

O risco pode ser uma oportunidade para se realizar mais lucro. Em alguns casos, as empresas podem ser capazes de gerenciar riscos melhor do que os seus clientes ou fornecedores, e pode valer a pena assumir os riscos, cobrar um prêmio dos clientes e obter descontos dos fornecedores.

10

Delegando orçamentos para outros

Delegar orçamentos pode ajudar a proporcionar responsabilidade orçamentária para aqueles que estão mais bem posicionados para controlar os custos. Mas tenha cuidado, pois sem um treinamento adequado e organização, os resultados podem ser desastrosos.

Qual é a melhor maneira de delegar e assegurar que aqueles com responsabilidade orçamentária estejam apropriadamente treinados a fazer o melhor trabalho possível?

Por que delegar?

Ao delegar orçamentos, nós estamos delegando autoridade e responsabilidade. Idealmente a autoridade e a responsabilidade devem ir para os gerentes que podem tomar as melhores decisões. Você não deve buscar delegar orçamentos com a ideia de se livrar de trabalho e problemas!

Algumas pessoas acreditam que os orçamentos devem ser deixados para os contadores, mas quem você quer ver tomando as decisões na sua organização: contadores ou administradores? Decisões de marketing, por exemplo, devem ser tomadas por gerentes de marketing, assim como decisões de engenharia devem ser tomadas por engenheiros.

Orçamentos transferidos ou delegados

No início dos anos de 1990, muitas forças policiais na Inglaterra, País de Gales e Escócia começaram a delegar os orçamentos para os policiais. Anteriormente, orçamentos eram controlados e gerenciados de modo centralizado. A fim de conceder mais poder, autoridade e responsabilidade para policiais operacionais, os orçamentos tinham de ser transferidos, ou delegados.

Para que as forças policiais administrassem os orçamentos transferidos, elas precisavam empregar uma série de contadores extras e desenvolver sistemas financeiros para fornecer informações de gerenciamento melhores. Sem primeiro desenvolver a infraestrutura de apoio, os orçamentos não poderiam ser delegados.

Assim que os policiais tinham os orçamentos em mãos, eles podiam tomar decisões, mas tinham de tomá-las também considerando seu impacto financeiro. Antes de ter orçamentos delegados, as horas extras talvez tenham sido autorizadas sem uma consideração completa do seu custo. Com orçamentos delegados, os administradores (ou policiais) tinham agora de considerar se o custo das horas extras valia o resultado que elas trariam, e tomar decisões a respeito de como recursos limitados podem ser mais bem utilizados para realizar os melhores resultados.

A fim de transferir ou delegar esses orçamentos de maneira bem-sucedida, muitas forças introduziram um programa de treinamento financeiro básico. Esse treinamento encorajou os policiais a pensar sobre o impacto financeiro das suas ações e decisões, e também funcionou para vender as ideias da delegação de orçamentos.

No Reino Unido, orçamentos foram transferidos em muitas outras organizações do setor público, como o Serviço de Saúde Nacional (NHS – *National Health Service*) e nas escolas.

O fundamento lógico para orçamentos delegados ou transferidos

A teoria é a de que algumas decisões são mais bem tomadas por gerentes juniores e de nível intermediário. Esses gerentes podem ser médicos, enfermeiras, professores ou mesmo contadores. Eles tomam as suas decisões com base em seus julgamentos profissionais e (com a introdução de orçamentos) levando em consideração as consequências financeiras das suas decisões.

Sem ter recebido os orçamentos, talvez não seja possível delegar autoridade para a tomada de decisões de administração. Existem críticos dos orçamentos delegados dentro de organizações do setor público como hospitais e escolas. Um ponto de vista frequentemente defendido é o de que médicos, enfermeiras e professores deveriam concentrar-se no que fazem melhor em vez de estarem envolvidos em questões administrativas insignificantes.

Esses críticos não percebem o ponto importante de que os orçamentos delegam poder para esses profissionais para fazer melhores escolhas usando sua formação profissional. Orçamentos dizem respeito principalmente ao gerenciamento, tomada de decisões e à assunção de responsabilidade por elas; eles não devem dizer respeito a questões burocráticas insignificantes, preenchimento de formulários e planilhas.

Ao delegar orçamentos, uma organização está delegando autoridade e responsabilidade. Idealmente, as decisões de gerenciamento devem ser feitas por administradores na melhor posição, com o melhor conhecimento e habilidades para tomar estas decisões, e um orçamento delegado reconhece isto.

Anteriormente nós descrevemos como várias forças policiais do Reino Unido delegaram orçamentos para policiais. A ideia por trás da iniciativa era a de que os policiais eram os melhores indivíduos para tomar decisões a respeito de policiamento. Ao passar os orçamentos para os policiais, eles foram capazes de tomar essas decisões, mas também tiveram de suportar as consequências financeiras destas dentro dos seus orçamentos. Antes dos orçamentos serem transferidos, em geral os policiais precisaram de treinamento, o qual incluía alguns princípios e sistemas básicos de orçamento. A ideia de que o orçamento deveria ser sua responsabilidade também teve de ser vendida para eles. Os policiais pareciam mais entusiasmados a respeito de seus orçamentos quando eles podiam ver algum benefício direto dentro de suas áreas.

Delegar orçamentos pode significar a criação do "jogo de orçamento" (discutido anteriormente neste livro na página 123). Sob o "jogo do orçamento" as pessoas desperdiçam tempo não em decisões de gerenciamento, mas na manipulação do orçamento e suas regras. Gerentes de orçamento podem concentrar-se no que é melhor para eles e seus departamentos em vez de o que é melhor para a organização como um todo. Essas críticas dos orçamentos delegados podem ser em parte rebatidas com treinamento e design cuidadosos nos sistemas de elaboração de orçamentos.

Teoria X e a teoria Y de McGregor

A sua abordagem para delegar orçamentos e gerenciar administradores com orçamentos depende da sua visão dos administradores e como eles são motivados. Em 1961, Douglas McGregor (MIT Sloan School of Management) introduziu a ideia das abordagens da teoria X e teoria Y para a administração. Trata-se de duas abordagens diferentes baseadas na visão de um administrador dos seus empregados.

Teoria X

Os administradores presumem que os empregados são preguiçosos e evitarão trabalhar. Os empregados precisam ser supervisionados e controlados proximamente. Sob esta visão, seria muito difícil delegar orçamentos mesmo. Se orçamentos são delegados, eles são delegados com controles e regras estritas. Gerentes de orçamentos não são encorajados a tomar as suas próprias decisões e atuar autonomamente.

Teoria Y

Os administradores presumem que seus empregados têm motivação própria. Eles sentem que podem contar com seus empregados para tentar fazer a coisa certa. Sob esta visão, um administrador ficaria satisfeito em delegar controle e a tomada de decisões. Administradores estariam interessados em encorajar as pessoas a agir de acordo com a sua própria iniciativa para tomar as decisões certas para o benefício da organização. Qualquer delegação envolve confiança.

A chave para uma delegação bem-sucedida

1 Tornar significativos os orçamentos delegados

É fundamental identificar os tomadores de decisões para quem você estará delegando orçamentos e decidir quais custos você quer que eles gerenciem. Delegar montantes triviais pode levar a um controle de custos insignificante.

Por exemplo, se você der para uma pessoa somente um orçamento para seus artigos de escritório, ela pode concentrar-se no controle da emissão de papéis e canetas quando os principais custos dentro da organização podem ser as horas de trabalho da equipe de funcionários. É importante também educar os administradores a respeito de como eles podem influenciar os custos. É muito tentador para os gerentes de orçamentos concentrar-se nos custos que eles acreditam que tenham maior arbítrio em vez de nos custos que são os mais importantes.

2 Casar autoridade e responsabilidade

Verifique que exista o melhor casamento entre autoridade e responsabilidade que você puder conseguir. Não há sentido em passar para administradores orçamentos que eles não podem controlar. Não delegue seus orçamentos e então tome decisões sobre as despesas para eles.

O perfeito alinhamento entre responsabilidade orçamentária e autoridade orçamentária nem sempre pode ser facilmente alcançado. O desempenho do custo de um departamento pode ser dependente do desempenho de outros departamentos. Os orçamentos delegados podem encorajar a mentalidade do "pensamento de silo", com departamentos relutantes em ajudar ou interagir com outros departamentos, a não ser que isso os ajude a conseguir realizar seu orçamento.

3 Projete um treinamento sob medida e desenvolva a confiança no gerenciamento do orçamento

Nós treinamos muitos administradores em um número considerável de organizações e países diferentes sobre a elaboração de orçamentos e previsões. Nós frequentemente vemos que eles se confundem com a terminologia e princípios contábeis.

A terminologia deve ser direta e, quando usada, explicada concisamente. Muitas vezes um treinamento financeiro básico é útil, cobrindo uma compreensão dos princípios contábeis (particularmente a contabilidade de exercício e a diferença entre lucro e caixa), assim como os princípios de custos e gerenciamento de custos (incluindo abordagens proativas para gerenciar e reduzir os custos).

Gerentes de orçamento novos muitas vezes não têm confiança, de maneira que eles têm de ser tranquilizados de que receberam a responsabilidade de gerenciar um orçamento porque são especialistas naquela parte em particular das atividades da organização.

Na maioria das organizações, gerentes de orçamento experientes são autodidatas, frequentemente aprendendo "na prática" ou a partir de seus gerentes. Isso nem sempre é a melhor abordagem e pode perpetuar práticas de gerenciamento de orçamento ruins.

Uma abordagem melhor é primeiro identificar gerentes de orçamento bons, e então identificar como eles estão gerenciando os seus orçamentos. Esses gerentes devem ser encorajados a compartilhar o seu conhecimento e experiência com seus pares. Se você tem os recursos e os gerentes, o tempo, você também pode organizar um treinamento de orçamento formal que promova a melhor prática para sua organização. Você pode fazer o conteúdo do programa sob medida, com estudos de caso que sirvam de modelos para os relatórios e informações usadas pelos administradores. Pense a respeito dos tipos de decisões que os gerentes tomam e como estas afetam o seu orçamento.

4 Reconheça a necessidade cada vez maior por velocidade

Em geral, as organizações estão ficando mais horizontais (menos níveis de gerenciamento) e mais rápidas (com tecnologias e mercados mudando rapidamente). Sistemas de controle orçamentário devem refletir isto à medida que os administradores precisam ser capazes de tomar decisões rapidamente.

Uma delegação efetiva precisa de uma elaboração de relatórios mais rápida, assim como tempos de resposta mais rápidos. Gerentes de orçamento precisam operar de maneira proativa, identificando problemas antes que eles surjam. Uma combinação de previsões e indicadores-chave de desempenho (KPIs) "adiantados" (em vez de "retardatários") vai ajudá-los.

5 Considere mercados internos e preços de transferência

Em algumas organizações, em uma tentativa de melhorar a eficiência e a efetividade de custo, mercados internos são estabelecidos. É então que responsáveis pelo orçamento de fato compram serviços de fornecedores internos. Esse mercado interno é criticado muitas vezes na medida em que ele gera uma burocracia extra e coloca departamentos uns contra os outros.

Talvez o que ocorra seja que o mercado interno desafia os administradores a examinar os custos de serviços internos que de outra forma seriam gratuitos. O fornecedor do serviço tem de justificar os seus custos e talvez também seja encorajado a descobrir maneiras de encontrar economias. Quando produtos e serviços são fornecidos gratuitamente, é muito difícil ser cuidadoso com eles e isso muitas vezes resulta em extravagâncias. Uma cobrança interna contrabalança essa atitude. Só porque um mercado interno foi estabelecido, não quer dizer necessariamente que os compradores internos tenham a opção de comprar produtos e serviços de fora da organização.

No Reino Unido, o Serviço de Saúde Nacional (NHS) luta constantemente com estruturas de mercado internas para tentar melhorar a sua eficiência. Embora talvez possamos dizer que nenhuma estrutura de mercado possa ser verdadeiramente perfeita, ainda assim ela pode encorajar uma maior eficiência e efetividade em termos de custos. Uma vez que um mercado interno tenha promovido melhorias, há um bom motivo para se livrar dele.

Preços de transferência são os preços internos entre partes da organização. Por exemplo, entre uma unidade de manufatura em um país e uma unidade de vendas em outro país, ou entre duas fábricas.

Se você opera um mercado interno ou tem preços de transferência, você deve tomar cuidado com números de "lucro" internos artificiais. O único lucro verdadeiro é o lucro ganho de clientes de fora reais. É importante tentar encorajar os administradores a maximizar os lucros para a organização em vez de para sua unidade de negócio.

11

Além do orçamento

> O processo de administração não diz respeito ao gerenciamento de orçamentos fixos, e sim da alocação dinâmica de recursos.
>
> *Lord Browne, ex-CEO, BP*

A abordagem "além do orçamento" defende uma abordagem alternativa para os orçamentos. Isto pode funcionar realmente na sua organização?

Introdução

A abordagem "além do orçamento" desafia o papel dos orçamentos. Ela também questiona se as organizações precisam realmente dos orçamentos. Será que podemos realizar os objetivos de um orçamento através de algum outro meio?

Abordagens e ideias novas sobre técnicas de administração e negócios normalmente originam-se de uma de três fontes:

1. Instituições acadêmicas como a Harvard Business School (o *balanced scorecard*)
2. Consultorias estratégicas como a Boston Consulting Group (a "matriz BCG")
3. Negócios desenvolvendo suas próprias abordagens alternativas.

Ferramentas e técnicas originárias do meio acadêmico ou de consultorias tendem a ter modelagens estruturadas e às vezes prescritivas e identificadas com marca. Ferramentas e técnicas desenvolvidas dentro de negócios tendem a desenvolver-se com o tempo e frequentemente apresentam uma gama mais variada de abordagens.

A abordagem além do orçamento origina-se dos negócios e, por essa razão, não tem uma estrutura padrão. Negócios diferentes, com suas próprias abordagens diferentes, têm soluções diferentes. Existem algumas organizações "guarda-chuva" que buscam desenvolver e compartilhar boas práticas. A *Beyond Budgeting Roundtable* é o grupo líder (ver **www.bbrt.org**) e ele começou a produzir modelos de estrutura além do orçamento baseados nas experiências combinadas de uma série de organizações.

Há uma série de organizações importantes que estão interessadas em aplicar princípios além do orçamento. Muitos dos estudos de caso e exemplos são de empresas escandinavas, dentre as mais notáveis estão:

- Handelsbanken, um banco sueco;
- Borealis, uma empresa química escandinava (agora com sede na Áustria);
- StatoilHydro, uma companhia petrolífera norueguesa.

Outras empresas que se diz estarem interessadas na abordagem "além do orçamento" incluem Google, Unilever, Southwest Airlines, Toyota, Telekom Malaysia e Leyland Trucks.[1]

Orçamentos são ruins para os negócios?

Algumas das principais críticas dos orçamentos tradicionais já foram discutidas neste livro. Algumas das críticas específicas de orçamentos do movimento além do orçamento são de que eles:

- consomem tempo e recursos demais;
- são lentos em detectar problemas;
- não são confiáveis para a avaliação de desempenho;
- se tornam rapidamente desatualizados;
- são uma fonte de "jogos" e política de escritório (por exemplo, esforços podem ser desperdiçados conseguindo mais recursos de outras partes da organização em vez de superar a concorrência);
- exigem metas financeiras que frequentemente sobrecarregam o que é bom para o negócio e, em última análise, os proprietários do negócio;
- enfatizam excessivamente medidas financeiras de curto prazo;

---

[1] Numerosos casos são documentados em Hope, J. e Fraser, R. (2003) *Beyond Budgeting: How Managers Can Break Free from the Annual Performance Trap*, Harvard Business School Press.

- são frequentemente baseados em departamentos, o que pode encorajar o "pensamento de silo" (isto é, quando departamentos se concentram no que é melhor para eles e seguem divorciados do resto do negócio, com cada departamento operando como se ele estivesse em seu próprio silo);
- são desorganizadores para a cooperação;
- são desorganizadores para a inovação e adaptação a condições e oportunidades em evolução;
- carecem de precisão.

A solução além do orçamento para estes problemas é livrar-se completamente dos orçamentos. Essa abordagem exerce uma forte atração, mas a maioria dos leitores deste livro não terá a oportunidade de fazer uma mudança desta natureza, de maneira que uma abordagem mais realista é analisar cada uma das críticas dos orçamentos tradicionais e tentar encontrar uma solução para capacitá-las a funcionar melhor. Quem sabe algumas ideias da abordagem além do orçamento possam ser adaptadas e incorporadas dentro do seu sistema de orçamento tradicional?

Além do orçamento não significa necessariamente trocar completamente para previsões contínuas (ver Capítulo 2), mas as previsões contínuas normalmente aparecem de maneira proeminente na maioria das abordagens além do orçamento.

Provavelmente, a principal deficiência com orçamentos surja da questão das medidas de desempenho. Anteriormente neste livro, nós citamos Jack Welch da GE. Sua visão é "Não supere o orçamento, supere a concorrência". A solução além do orçamento frequentemente defende abordagens de medidas de desempenho alternativas muitas vezes apresentando algo similar a um *balanced scorecard*.

Ao projetar sistemas de medida de desempenho, administradores não deveriam confiar demais em superar metas geradas internamente. Seria melhor estabelecer a medida de desempenho como uma meta relativa – então ver quão bem você está desempenhando em superar organizações de grupos equivalentes ao seu. Também deve haver metas não financeiras focadas em elementos-chave, de modo a cumprir a estratégia da organização e proporcionar a satisfação (ou deleite!) do cliente.

A abordagem além do orçamento exige uma cultura de gerenciamento de confiança, onde confiamos em nossos administradores e equipes para "fazer a coisa certa" para o negócio e os acionistas. Isto exige provavelmente que adotemos uma abordagem de teoria Y para o gerenciamento (ver Capítulo 10). Você poderia pensar que essas ideias são somente para determinados negócios em determinadas culturas de negócios, países (a Escandinávia é o local de nascimento e "lar" da solução além do orçamento) e indústrias. Entretanto, a abordagem está sendo explorada em uma ampla gama de diferentes negócios e localizações.

Muitas empresas estão trabalhando suas próprias ideias e soluções em vez de contar com consultores, e como consequência disto, não há um modelo uniforme padrão de como administrar um negócio efetivamente sem orçamentos. A abordagem além do orçamento continua a desenvolver-se e 12 princípios básicos foram desenvolvidos pela *Beyond Budgeting Roundtable* (ver **www.bbrt.org**).

Esses princípios estão organizados nos quatro grupos a seguir:

1 Governança e transparência;

2 Equipes responsáveis;

3 Metas e recompensas;

4 Planejamento e controles.

Os princípios e grupos estão listados de forma completa na Tabela 11.1.

Em resumo, ir "além de orçamentos" ou se livrar deles completamente exige mudanças importantes na cultura, sistemas, medida de desempenho e a base de prêmios.

Exercício

Ao ler a lista na página seguinte, você provavelmente verá um tema de confiança e autogerenciamento. Central para a abordagem além do orçamento é a adoção de um estilo "teoria Y" de gerenciamento.

1 A sua organização confia em você para "fazer a coisa certa" ou ela precisa microgerenciar você com controles?

2 Você confia nas pessoas que se reportam a você para "fazer a coisa certa" ou você impõe alguns controles? A abordagem além do orçamento sugere que o sistema de elaboração de orçamentos de "comando e controle" diz respeito a afirmar o controle central, no entanto, muitas organizações criaram e transferiram orçamentos precisamente porque elas querem delegar autoridade, responsabilidade e controle.

Implementando a abordagem além do orçamento

Muitos dos principais defensores da abordagem além do orçamento salientam a importância de se livrar completamente do orçamento; você

Tabela 11.1 Os 12 princípios da abordagem além do orçamento

Governança e transparência	
1. Valores	Una as pessoas a uma causa comum; *não a um plano central.*
2. Governança	Administre através de valores compartilhados e bom senso; *não regras e regulamentos detalhados.*
3. Transparência	Torne as informações abertas e transparentes; *não restringi-las e controlá-las.*
Equipes responsáveis	
4. Equipes	Organize em torno de uma rede sem barreiras de equipes responsáveis; *não funções centralizadas.*
5. Confiança	Confie nas equipes para regularem seu desempenho; *não as microgerencie.*
6. Responsabilidade	Baseie a responsabilidade em critérios holísticos e análise de pares; *não em relações hierárquicas.*
Metas e prêmios	
7. Metas	Estabeleça metas de médio prazo ambiciosas; *não metas fixas de curto prazo.*
8. Prêmios	Baseie os prêmios no desempenho relativo; *não em metas fixas.*
Planejamento e controles	
9. Planejamento	Torne o planejamento um processo contínuo e inclusivo; *não um evento anual de cima para baixo.*
10. Coordenação	Coordene as interações dinamicamente; *não através de orçamentos anuais.*
11. Recursos	Torne os recursos disponíveis *just-in-time*; *não "just-in-case" (caso precisar).*
12. Controles	Baseie os controles em um retorno rápido e frequente; *não em variações de orçamento.*

Fonte: The Beyond Budgeting Roundtable, 2011, www.bbrt.org.

poderia acreditar que eles gostariam que a palavra orçamento fosse banida! Uma defesa convincente para a abordagem além do orçamento é feita por Bjarte Bogsnes em seu livro *Implementing Beyond Budgeting*[2]. Uma questão que torna este livro tão interessante é que ele não vende a abordagem além do orçamento como uma solução sem quaisquer proble-

---

[2] Bogsnes, B. (2008) *Implementing Beyond Budgeting: Unlocking the Performance Potential*, John Wiley. Este livro também contém casos recentes de abordagens além do orçamento.

mas e desafios. Na realidade, ele sugere que a abordagem além do orçamento exige um processo de evolução para desenvolver sistemas e processos melhores para realizar o melhor desempenho. Dentro deste livro, ele analisa três estudos de caso: Handelsbanken, Borealis e StatoilHydro. Bogsnes escreve com alguma autoridade, na medida em que ele é a única pessoa a ter se envolvido em duas importantes implementações da abordagem além do orçamento (Borealis e StatoilHydro).

Para a StatoilHydro, Bogsnes delineia os cinco princípios que sustentam sua abordagem para além do orçamento.

1 O desempenho deve dizer respeito a superar o desempenho de empresas similares, não um orçamento fixo. Talvez você se lembre da excelente citação de Jack Welch a respeito de superar a concorrência, não o orçamento. A medida do desempenho deve ser baseada em alguma medida relativa de desempenho contra negócios comparáveis.

2 Administradores devem ser encorajados a fazer a "coisa certa". Eles são orientados quanto ao que é a coisa certa pelos itens a seguir:

- O livro StatoilHydro – este livro apresenta os valores, princípios e políticas da StatoilHydro.
- "Ambição para Ação" – este é o equivalente da StatoilHydro do *balanced scorecard*: ele traduz a estratégia e a "ambição" em ações e medidas.
- Critérios de decisão – as regras sob as quais as decisões são justificadas e tomadas.
- Autoridades – mesmo sem orçamentos, gerentes têm autoridade limitada.
- Juízo nos negócios – isto sugere uma checagem de "bom senso" sobre as decisões e ações.

Existe, é claro, um aspecto cultural de se fazer a "coisa certa". Não há dúvida que alguns administradores na Lehamn Brothers, WorldCom e Enron acreditavam que estavam fazendo a "coisa certa" para seus negócios e tomando decisões de negócios judiciosas. O que é considerado uma atitude e comportamento apropriados muda com o tempo. Administradores precisam ser educados a respeito do que está de acordo com a ética do seu negócio. A StatoilHydro apresenta a sua visão do que está "certo" no livro StatoilHydro. Pense a respeito dos diferentes negócios com que você trabalhou ou conheceu. Eles têm ideias diferentes a respeito de qual comportamento é "certo"? Declarações de padrões e éticas grandiosas não são necessariamente a realidade. O lema da Enron, "Respeito, Integridade, Comunicação e Excelência", não casava realmente com a sua cultura.

3 Recursos não são alocados por um orçamento, mas em uma base caso a caso. Isto exige um processo de análise contínuo ou um conjunto de critérios de decisão bem projetado (i.e., o que um caso de negócios precisa demonstrar para ser aprovado).

4 Quando analisando o desempenho, administradores devem olhar para o futuro e quais medidas eles vão tomar, em vez de demorar-se no passado. Este é um princípio que nós defendemos quando gerenciando orçamentos convencionais. Sob o regime da abordagem além do orçamento, os orçamentos são deixados de lado e as previsões desenvolvidas. Se você ainda está, como a maioria das empresas, usando a abordagem convencional para orçamentos, você pode complementar isso com o uso de previsões para encorajar os administradores a serem mais proativos e voltados para o futuro no gerenciamento de recursos.

5 A avaliação de desempenho avalia o que foi realizado e como os administradores se comportaram. Sob o regime de Jack Welch na GE, administradores eram premiados por atingir suas metas e duramente punidos por fracassarem. Na StatoilHydro, a avaliação do desempenho dos administradores é apenas em parte dependente do que eles realizam; eles também são premiados por como eles se comportam. Jack Welch é muito crítico a respeito de declarações sobre "valores" que são muitas vezes cheios de lugares-comuns. Apesar de acreditar fundamentalmente no desempenho de "resultado" tradicional, ele acredita também que é importante não falar sobre valores, mas sobre "comportamentos".

Bogsnes salienta que o sucesso ou o fracasso da abordagem além do orçamento é mais provável devido à sua implementação do que ao seu projeto. Dentro da StatoilHydro, ele descreve como diferentes indivíduos adotaram os princípios da abordagem além do orçamento em diferentes ritmos e com diferentes níveis de entusiasmo. Talvez seja inevitável que alguns administradores achem difícil deixar o mundo dos orçamentos aos quais eles estão acostumados por todas suas vidas profissionais. A transição deve incluir educação e apoio para ajudá-los a mudar suas atitudes e comportamento.

Atingindo objetivos obliquamente – obliquidade

Os negócios mais rigorosamente controlados, planejados e voltados para o lucro desempenham melhor? Não de acordo com John Kay (**www.johnkay.com**), colunista semanal no *Financial Times* e renomado autor e economista. No seu livro de 2010, *Obliquity*, ele sugere que muitas vezes os melhores resultados são alcançados trabalhando "obliquamente". O Google é um sucesso fantástico como negócio porque ele é tão focado no lucro, ou porque ele é tão focado em proporcionar aos usuários os melhores resultados de pesquisa e experiência?

O banco fracassado Lehman Brothers realizou os melhores resultados para os acionistas incentivando pesadamente os empregados a se concentrarem no lucro? John Kay estende essa ideia além dos negócios – talvez as pessoas ricas não sejam as pessoas mais focadas em serem ricas, as mais felizes podem não ser as mais focadas em buscar a felicidade, as cidades mais bem-sucedidas não sejam as mais planejadas.

Para ser um sucesso em qualquer negócio, você primeiro precisa proporcionar valor para os clientes. Há um perigo que isto se perca com orçamentos que focam somente o lucro e os custos. Precisamos deixar nossa equipe entusiasmada com realizar um bom trabalho e ser a melhor possível. Talvez o melhor desempenho venha em geral mais da motivação e da atitude do que de uma melhor avaliação e metas. Nós devemos projetar nossa abordagem de orçamento para ser flexível o suficiente para permitir que os administradores "façam a coisa certa" quando tiverem de fazê-lo. Esta é parte do pensamento por trás da abordagem além do orçamento.

Conclusão

Existem algumas ideias interessantes sendo desenvolvidas a respeito do futuro dos orçamentos, assim como sobre a mensuração e gerenciamento do desempenho dentro das organizações, mas a maioria dos leitores deste livro não será capaz de rasgar o orçamento e começar uma abordagem completamente nova e radical. Nós precisamos compreender porque isso não está funcionando adequadamente e tentar identificar algumas mudanças para torná-lo melhor. Eu tenho alguma simpatia pela visão da abordagem além do orçamento de que os orçamentos sempre terão falhas, mas algumas dessas falhas podem ser minimizadas. A questão que importa não é se os orçamentos são perfeitos, mas se como um todo eles ajudam a organização a realizar os seus objetivos. Além disso, como podemos tentar fazê-los funcionar melhor?

Além do orçamento, a obliquidade de John Kay e o *balanced scorecard* de Kaplan e Norton, todos sugerem que precisamos pensar no desempenho em outros termos que não sejam apenas o lucro ou desempenho de custo hoje. Você pode influenciar sua organização para que esta tome medidas em direção a esse modo de pensar? Quais são as principais coisas que sua organização precisa fazer para assegurar-se de que seja vencedora no que faz? Podemos medir nosso progresso nessa direção e desenvolver algumas medidas que encorajem nossos administradores a realizarem isso?

parte

3

Analisando o seu desempenho de orçamento e previsão

12

Quais lições você aprendeu?

Tendo elaborado e gerenciado um orçamento, o que você aprendeu com a experiência? Como você pode melhorar as coisas? E o que vem a seguir?

Entre em ação e assuma a responsabilidade

Para que você e a sua organização aproveitem ao máximo este livro, você precisa:

- Assumir alguma responsabilidade pessoal para fazer melhorias na elaboração de orçamentos e previsões na sua organização.
- Assumir a responsabilidade pelo seu próprio desenvolvimento.
- Tomar algumas medidas positivas.
- Encorajar os seus colegas a seguirem a sua liderança.

Ao longo do livro, você terá tentado uma série de exercícios de autotreinamento, consistindo de perguntas e respostas. Esses exercícios foram projetados para desafiá-lo a pensar a respeito das ideias dentro deste livro e como elas podem ser aplicadas na prática no seu trabalho cotidiano na sua organização. Muitos dos exercícios do livro também podem ser usados para discussões e desenvolvimento em equipe.

Planos de ação pessoal

Nós recomendamos que você analise cada um dos exercícios e tente construir o seu próprio plano de ação pessoal. Esse plano de ação incluirá não somente o que você vai fazer para melhorar os orçamentos e previsões dentro da sua organização, mas também o que você vai fazer para levar o seu desenvolvimento adiante.

Infelizmente, muitos planos de ação pessoal tendem a ser ligeiramente fantasiosos e não resultam em muita ação. Torne o seu realista ao evitar incluir ações em demasia. É muito melhor ter um plano de ação com cinco coisas que você realmente vai fazer este ano do que ter 35 coisas que você gostaria de fazer ao longo do próximo ano.

Para aumentar a probabilidade de que você irá até o fim com esse plano de ação, para cada item que você identificar, inclua uma meta para a data de conclusão. Ao escrever essa data, você aumentará o seu comprometimento e as chances de você realmente completar o plano! Se você compartilhar o seu plano de ação com outra pessoa, as chances de você realizar o seu plano também aumentarão.

Você também precisará analisar o seu progresso – talvez ao final de cada mês.

Para estruturar os seus planos de ação e ajudá-lo a recapitular o livro, nós sugerimos que você faça uma lista de títulos seguindo os 11 capítulos do livro. Sob cada título, liste algumas ações que você tomará e quando. (Nós incluímos um modelo baseado nos títulos dos capítulos para você preencher abaixo.) Você precisa então listar as ações em ordem cronológica, talvez escrevendo-as em um diário. Risque fora as ações à medida que você as completa e você será capaz então de aferir o seu progresso.

Em cada capítulo, há questões, algumas delas são para instigá-lo a uma ação que você poderia tomar. Lembre-se de enxugar a sua lista de ações para um número realista.

Modelos para recapitular o seu aprendizado e construir um plano de ação

Avalie o seu progresso riscando suas ações à medida que você as completa e anote quaisquer problemas que você esteja encontrando. Tente pensar sobre como esses problemas podem ser superados. Você também precisará registrar o seu sucesso ou fracasso na elaboração efetiva de orçamentos e previsões, e não apenas pensar nesse processo como um diário de desenvolvimento pessoal.

12 ■ Quais lições você aprendeu?

Capítulo 1: Para que serve o orçamento?

Meu aprendizado-chave deste capítulo

1.
2.
3.

Minhas ações – com uma data quando elas serão completadas.

1.
2.
3.

Liste sucessos e fracassos na elaboração de orçamentos e previsões (ou lições de aprendizado) relacionadas a este título. Siga atualizando a lista para mostrar progresso nas suas habilidades de elaboração de orçamentos e previsões.

Capítulo 2: O que é uma previsão e como ela difere de um orçamento?

Meu aprendizado-chave deste capítulo

1.
2.
3.

Minhas ações – com uma data quando elas serão completadas.

1.
2.
3.

Liste sucessos e fracassos na elaboração de orçamentos e previsões (ou lições de aprendizado) relacionadas a este título. Siga atualizando a lista para mostrar progresso nas suas habilidades de elaboração de orçamentos e previsões.

Capítulo 3: Habilidades financeiras de formação essenciais para a elaboração de orçamentos?

Meu aprendizado-chave deste capítulo

1.
2.
3.

Minhas ações – com uma data quando elas serão completadas.

1.
2.
3.

Liste sucessos e fracassos na elaboração de orçamentos e previsões (ou lições de aprendizado) relacionadas a este título. Siga atualizando a lista para mostrar progresso nas suas habilidades de elaboração de orçamentos e previsões.

Capítulo 4: Como o orçamento deve ser elaborado?

Meu aprendizado-chave deste capítulo

1.
2.
3.

Minhas ações – com uma data quando elas serão completadas.

1.
2.
3.

Liste sucessos e fracassos na elaboração de orçamentos e previsões (ou lições de aprendizado) relacionadas a este título. Siga atualizando a lista para mostrar progresso nas suas habilidades de elaboração de orçamentos e previsões.

Capítulo 5: Como o caixa deve ser orçado e controlado?

Meu aprendizado-chave deste capítulo

1.

2.

3.

Minhas ações – com uma data quando elas serão completadas.

1.

2.

3.

Liste sucessos e fracassos na elaboração de orçamentos e previsões (ou lições de aprendizado) relacionadas a este título. Siga atualizando a lista para mostrar progresso nas suas habilidades de elaboração de orçamentos e previsões.

Capítulo 6: Como uma despesa de capital deve ser orçada?

Meu aprendizado-chave deste capítulo

1.

2.

3.

Minhas ações – com uma data quando elas serão completadas.

1.

2.

3.

Liste sucessos e fracassos na elaboração de orçamentos e previsões (ou lições de aprendizado) relacionadas a este título. Siga atualizando a lista para mostrar progresso nas suas habilidades de elaboração de orçamentos e previsões.

Capítulo 7: De volta ao básico: vivendo dentro do seu orçamento e proporcionando VFM

Meu aprendizado-chave deste capítulo

1.

2.

3.

Minhas ações – com uma data quando elas serão completadas.

1.

2.

3.

Liste sucessos e fracassos na elaboração de orçamentos e previsões (ou lições de aprendizado) relacionadas a este título. Siga atualizando a lista para mostrar progresso nas suas habilidades de elaboração de orçamentos e previsões.

Capítulo 8: Fazendo sentido do custo-padrão e variâncias

Meu aprendizado-chave deste capítulo

1.

2.

3.

Minhas ações – com uma data quando elas serão completadas.

1.

2.

3.

Liste sucessos e fracassos na elaboração de orçamentos e previsões (ou lições de aprendizado) relacionadas a este título. Siga atualizando a lista para mostrar progresso nas suas habilidades de elaboração de orçamentos e previsões.

Capítulo 9: Riscos, previsões, *balanced scorecards* e KPIs

Meu aprendizado-chave deste capítulo

1.

2.

3.

Minhas ações – com uma data quando elas serão completadas.

1.

2.

3.

Liste sucessos e fracassos na elaboração de orçamentos e previsões (ou lições de aprendizado) relacionadas a este título. Siga atualizando a lista para mostrar progresso nas suas habilidades de elaboração de orçamentos e previsões.

Capítulo 10: Delegando orçamentos para outros

Meu aprendizado-chave deste capítulo

1.

2.

3.

Minhas ações – com uma data quando elas serão completadas.

1.

2.

3.

Liste sucessos e fracassos na elaboração de orçamentos e previsões (ou lições de aprendizado) relacionadas a este título. Siga atualizando a lista para mostrar progresso nas suas habilidades de elaboração de orçamentos e previsões.

Capítulo 11: Além do orçamento

Meu aprendizado-chave deste capítulo

1.

2.

3.

Minhas ações – com uma data quando elas serão completadas.

1.

2.

3.

Liste sucessos e fracassos na elaboração de orçamentos e previsões (ou lições de aprendizado) relacionadas a este título. Siga atualizando a lista para mostrar progresso nas suas habilidades de elaboração de orçamentos e previsões.

Além dos planos de ação: como você sabe que você foi bem-sucedido?

Você estudou este livro, aplicou o seu plano de ação e tentou algumas das ideias, ferramentas e técnicas, mas ele gerou resultados para você? Alguma mensuração é fácil, por exemplo, é possível medir a precisão das nossas previsões e buscar melhorá-las (ver Capítulo 2), mas precisão não é o mesmo que utilidade ou efetividade.

A sua elaboração de orçamentos e previsões será considerada melhor se ela proporcionar um resultado melhor para você e a sua organização. Algumas das melhorias serão mais fáceis de mensurar, por exemplo, fluxo de caixa atual e lucratividade, outras como melhorias a longo prazo, lucratividade provável e fluxo de caixa serão mais subjetivas.

Se você tem um chefe, talvez uma medida seja como ele vê as suas habilidades de elaboração de orçamentos e previsões. Na maioria das grandes organizações, haverá um processo de avaliação anual formal. Infelizmente, muitas vezes isso não é levado tão a sério quanto deveria. Se você tiver uma avaliação, aproveite a oportunidade para discutir com o seu chefe as suas habilidades de elaboração de orçamentos e previsões, como estas melhoraram e como elas poderiam evoluir mais ainda. Se você se sente confiante quanto à sua melhoria, você quer que o seu chefe a reconheça;

se você não está, você pode beneficiar-se do seu retorno ou conselhos. Você pode achar que as habilidades de seu próprio chefe precisam de algum desenvolvimento – você poderia dar-lhe este livro, com todo o respeito. Se você ganhou este livro de um subordinado, é porque ele valoriza o seu conteúdo, não que ele duvide da sua capacidade!

Se você está administrando o seu próprio negócio, então o seu sucesso na elaboração de orçamentos deve se refletir no desempenho do seu negócio. Tire um tempo para analisar a sua elaboração de orçamentos e previsões, e como você sente que ela melhorou. Ela poderia evoluir mais ainda?

Índice

A
a linha do melhor ajuste, 54
absorção de despesas indiretas, 92
aceitação do risco, 185
acordos de nível de serviço (ANSs), 33
administradores, motivação de, 30
ajuste estratégico, 142
além do orçamento, 195,
    implementação, 198
    obliquidade, 201-2
    princípios, 199
alfa, 55, 54
Ambição para Ação, 200
análise cronológica de devedores, 132
análise de causa raiz, 167
análise de desempenho, 201
análise de Monte Carlo, 143
análise de Pareto, 133
análise de regressão, 52-4
análise de sensibilidade, 143
análise de valor, 90
    em organizações sem fins lucrativos, 90
análise de variação, 172
    sem custo-padrão, 167
Apple, 88-9
apresentação, orçamento, 123-5
aspectos comportamentais disfuncionais, 29-30
ativos
    correntes, 77-8
    fixos, 73-4
    substituição e melhoria, 145
ativos não correntes, 77, 79
avaliação de desempenho, 29-30, 122
avaliação pós-investimento, 144

B
balanced scorecard, 22, 38, 105, 211
balanço patrimonial, 76
Barings, 38
benchmarking, 29-30, 123
benchmarking de desempenho, 29-30
Beyond Budgeting Roundtable, 196, 198
Borealis, 196-200

C
caixa, 73
capital de empréstimo, 75
capital de giro, 73
    gerenciamento, 130-1
    investimento em, 146-7
caridades, 27
    análise de valor em, 90
centro de investimento, 33
centros de lucros, 33, 115
centros de recuperação de custos, 33
ciclo de vida do produto, 62
cisnes negros, 144
coleta de informações, 116
comitê de orçamento, 85
compartilhando o risco, 185

compromissos, 69
comunicação, 31, 117
conta de lucros e perdas (P&L) (demonstração do resultado), 70-6, 81
contabilidade de exercício, 73, 84, 164
   ativos fixos, despesa de capital e depreciação, 74, 77-8
   capital de giro, 73
   diferença de *timing*, 73,
   financiamento, 75
contas a pagar (credores), 77, 130, 135, 146
contas a receber (devedores), 130-2, 146
contingências, estabelecendo orçamentos para, 121-2
contrato de gerenciamento, 31
contrato, previsão, 47-8
coordenação, 26-7, 117
credor (contas a pagar), 73, 130, 135, 146
credores, 73
críticas de orçamentos, 196-8
custo de capital, 138-40
custo de oportunidade, 130
custo e valor, 67-8
custo indireto ou despesa indireta, 92
custo marginal, 92
custo médio ponderado de capital (CMPC), 138
custo-padrão, 167
custos, 80-1
   de capital, 70
   de equipe, 86
   diretos, 75, 87-9
   equipe, 86
   fixos, 86-7
   oportunidade, 133
   relevantes, para elaboração de orçamentos, 90
   ariáveis, 86-7, 90-4

D

decisões baseadas em evidências, 161
declarações de fluxo de caixa, métodos de produzir, 75-6
declarações de visão, 182-3
declarações perdidas, 182-201
definição de orçamento, 20
delegação de responsabilidade, 32-4, 187
   autoridade e responsabilidade, 189
   bem-sucedida, 189-191
   mercados internos e preços de transferência, 192
   necessidade por velocidade, 192
   orçamentos delegados ou transferidos, 187
   razão para, 187
   significância do orçamento, 189
   treinamento e confiança de gerenciamento de orçamento, 189
demonstração do resultado, 76, 81, 84
demonstrações financeiras, 61
   ilustração simples, 78
   modelo simples, 78
depreciação, 73-4
desempenho de um ano até a data (YTD), 154
desempenho relativo externo, 113
despesa de receita, 70
despesas de capital, 70, 74, 104
   definição, 137-8
despesas incorridas abaixo do orçado, 25
devedores (contas a receber), 130-1, 146
devedores, 73
dias de estoque, 134
dias de vendas em aberto (DSOs), 131-2, 134
dias dos devedores, 132-3,

E

Eastman Kodak, 63-4
economias, 119
elaboração de orçamentos, 116
   baseado em atividades, 117
   coleta de informações, 116
   consistência de estimativas, 118
   coordenação e comunicação, 117
   dados comuns, 119
   distribuindo, 119
   economias, 119
   envolvimento, 119
   explicação de custos e estimativas, 118
   modelos, 118
   objetivos organizacionais e departamentais, 120
   pessoas e comprometimento, 119
   plano, 116
   pressões de tempo, 120
   priorização, 117
   realista, 118
   recursos, 116
elaborando orçamentos, 123-4
empresas S&P 500, 63
empréstimos bancários, de longo prazo, 77
engenharia de valor, 87, 88
Enron, 37, 38, 200
equação do balanço patrimonial, 77
erro percentual absoluto médio (EPAM), 58, 59
erro quadrado médio (EQM), 59, 60
estoque (inventário), 73, 129, 132
estoque, 73
estratégia e política, vinculando orçamentos a, 38
estrutura de custos, 85, 96-9, 99-104
evitação do risco, 184

F

falência, 63-4, 69
fatores limitantes, 26, 34, 84
ferramentas de software de previsão e planejamento, 48
ferramentas do Excel, 56-57, 127
   add-ins, 56
   funções de previsão, 53-5, 135
   Goal Seek, 127
   Pivot tables, 127
   previsão quantitativa usando, 51-5
   Scenario Manager, 127
   Solver, 127
financiamento, 75
fluxo de caixa, 75, 135-6
   descontado (FCD), 138-9
   planejamento a longo prazo, 145
Foxconn, 88
fundos dos acionistas, 77

G

galinha dos ovos de ouro, 63
General Electric, 87, 182
gerenciamento de orçamentos, 155
giro de estoque, 134
Google, 61, 196, 201
governança corporativa, 36-8
gráfico de ponto de equilíbrio, 95

H

Handelsbanken, 196, 200

I

IBM: Cognos Express Planner, 46
impulsionadores de custos, 90
indicadores chave de desempenho (KPIs), 27, 28, 113, 179
   orçamentos e, 181-2
   status (RAG) de sinaleira, 152, 153
indicadores de retorno adiantado, 25
indicadores de retorno, 25
índice de controle chave, 153
índice de lucratividade, 142
índices, 153-4
inércia do orçamento, 107-8
investimento em capital de giro, 146-7

J
jogo do orçamento, 123
just-in-time (JIT), 133

K
Kodak, 63-4

L
Lehman Brothers, 202
Lei Sarbanes-Oxley, 36
Leyland Trucks, 196
livros brancos, 46
lucro, 70-1
lucro, definição, 69
lucros (do exercício), 69

M
mão de obra direta, 91
mapa estratégico, 23, 38, 179
margem bruta, 153
Marksand Spencer, 88
matriz BCG, 195
mecanismo de retorno de orçamento, 151
média móvel ponderada, 53
medida do desempenho de gerenciamento de estoque, 131
medidas de simplificação, 112
melhoria do desempenho, 29-30
mix de vendas, 169
modelo de ponto de equilíbrio, 94-5
monitorando, controlando e, 24
motivação dos administradores, 30

N
NHS, 188
novas previsões, 185

O
objetivos
    acionista, 27
    departamentais, 120
    organizacionais, 120

Oracle, 70, 129
orçamento base zero, 108
orçamento baseado em atividades (ABC), 105-6, 109
orçamento de despesas indiretas de produção, 84
orçamento de estoque de produtos acabados, 84
orçamento de mão de obra, 84
orçamento de materiais direto, 84, 91
orçamento de material, 84
orçamento de produção, 84
orçamento de vendas, 84
orçamento geral, 84
orçamento incremental, 105-7
    erros, 107-8
orçamentos auto-ajustáveis, 113
orçamentos baseados em evidências, 115
orçamentos de cima para baixo, 44, 111-2
orçamentos de treinamento, 34-5
orçamentos fixos *vs.* flexíveis, 112
orçamentos funcionais, 109
organizações sem fins lucrativos, objetivos de, 23
orientação de resultado, 114

P
papel dos orçamentos, 20-1
participação de mercado, 84-5
passivos não correntes, 78
patrimônio líquido, 75
períodos de planejamento, 39
planejamento de despesas de capital (orçamento de capital), 104
planejamento de fluxo de caixa a longo prazo, 145
planejamento, 23, 24, 116
planilhas, 124-5
    ver também Excel
plano operacional anual, 23
planos de ação, 206, 212
    modelos, 94, 118, 206

preço de vendas, 168
preço do material, 169
preços de transferência, 192
previsão de fluxo de caixa, sistemas de planejamento e, 129-30
previsões
    ação dos competidores, 61
    benefícios de, 43
    ciclo de vida do produto, 61
    como atualizações para o orçamento anual, 41-2
    contínuas, 29, 42-3, 44-7, 184-5, 197
    demonstrações financeiras, 60
    escassez de oferta, 61
    fatores a curto prazo, 61
    fatores a longo prazo, 61
    ferramentas e técnicas, 48-9
    fluxo de caixa, 48
    frequência e automação, 56-7
    ingênua, 52
    médias móveis, 52-3
    medindo e melhorando a precisão, 57
    mudança, 62
    precisão, 49
    problemas, 47-8
    projetos e contratos, 47-8
    substitutos, 61
    vendas de novos produtos, 61
    vendas, 49-53
    vs. orçamento, 41
processo de desafio, 122
produção de plano orçado, 23
projetos, prevendo, 44-5
propaganda na Internet, 115
propósitos especiais, orçamentos para, 39-40
provisões contábeis, 38-9
PTT, 183

Q
qualidade, 87
qualitativas, 52
quantitativas, 51-2

R
racionamento de capital, 142
recuperação de custo de despesa (indireta), 91-2
recursos, 116, 201-2
    alocação de, 34-5
    escassez, identificação de, 34
redistribuição automática, 113
redução do risco, 184
regra do *payback*, 138-9
responsabilidade, 205
    delegação de, 31-3, 187-9
retorno sobre o capital empregado (ROCE), 32
retorno sobre o investimento (ROI), 32
retorno, 31
retornos totais aos acionistas (TSR's), 30
Revlon, 89
risco, 144-5, 184-5
roteiros, 142
rubricas de custos, 85
Ryanair, 89

S
SAP R4, 70
SAP, 129
satisfação do cliente, 29, 115
sistemas de planejamento dos recursos do empreendimento (ERP), 129
Southwest Airlines, 89, 196
StatoilHydro, 196, 200, 201
suavização exponencial, 52

T
taxa de mão de obra, 169
Técnica Delphi, 51, 52
tecnologia disruptiva, 62

TelekomMalaysia, 196
teoria X e teoria Y de McGregor, 189
teoria X, 190
teoria Y, 190, 197
tomadora de preços, 84
Toyota, 196

U
UBS, 38
Unilever, 196
uso de mão de obra, 169
uso do material, 169

V
valor do dinheiro no tempo, 98, 139-40
valor econômico agregado (EVA), 28
valor presente líquido (VPL), 139-140, 142, 116
valor por dinheiro (VFM), 32, 90, 114
    economia de custos, 163
    economia, 162
    efetividade, 162
    eficiência, 162
    evidência, 162-3
    modelo para gerenciar e planejar orçamentos, 160
    modificado, 162-3
valores, 182, 183
variação da taxa de mão de obra, 169-171
variação das despesas indiretas, 168
variação das vendas, 168
variação do preço de compra (PPV), 168
variação do uso do material, 173
variação, decomposição da, 168, 173-4
volume de vendas, 168

W
WorldCom, 37-8, 200

X
Xerox Company: programa "Liderança através da Qualidade", 30

GRÁFICA PAYM
Tel. (11) 4392-3344
paym@terra.com.br